ALL ABOUT HISTORY　萤火虫

奥斯曼帝国

[英] 爱丽丝·巴尔内斯·布朗 编著

吴文卓 译

中国画报出版社·北京

OTTOMAN EMPIRE

图书在版编目（CIP）数据

奥斯曼帝国 /（英）爱丽丝·巴尔内斯·布朗编著；
吴文卓译. -- 北京：中国画报出版社, 2025.5.
(萤火虫书系). -- ISBN 978-7-5146-2523-3

Ⅰ. K374.3

中国国家版本馆CIP数据核字第2025GV6609号

Articles in this issue are translated or reproduced from All About History Book of the Ottoman Empire Third Edition and are the copyright of or licensed to Future Publishing Limited, a Future plc group company, UK 2021.

北京市版权局著作权合同登记号：01-2024-6416

奥斯曼帝国

［英］爱丽丝·巴尔内斯·布朗　编著　　吴文卓　译

出 版 人：方允仲
责任编辑：李　媛
内文排版：郭廷欢
责任印制：焦　洋

出版发行：中国画报出版社
地　　址：中国北京市海淀区车公庄西路33号　邮　编：100048
发 行 部：010-88417418　010-68414683（传真）
总编室兼传真：010-88417359　版权部：010-88417359

开　　本：16开（787mm×1092mm）
印　　张：13
字　　数：224千字
版　　次：2025年5月第1版　2025年5月第1次印刷
印　　刷：北京汇瑞嘉合文化发展有限公司
书　　号：ISBN 978-7-5146-2523-3
定　　价：75.00元

欢迎来到
奥斯曼帝国

提起奥斯曼人，你可能会想到他们上好的地毯、丝绸长袍、强大的苏丹，以及一个黄金帝国——奥斯曼帝国。奥斯曼人的历史可以追溯到他们在中亚大草原上游荡的日子。在安纳托利亚定居后，他们围攻了君士坦丁堡，并成功从拜占庭人手中夺取了这座城市。此后，奥斯曼人一路东征西讨，版图一直扩张到亚洲、非洲和欧洲。连续几个世纪时间，奥斯曼帝国都是欧洲列强的眼中钉。奥斯曼王朝延续了600多年，曾在历史上称霸一时。让我们一起看看他们的习俗、服装和文化是如何传到世界各地的，以及今天我们还能从他们身上学到些什么。翻开这本书，欢迎来到奥斯曼帝国。

目录

奥斯曼帝国的起源

- 8 奥斯曼帝国的兴衰史
- 10 奥斯曼人是谁
- 12 奥斯曼一世
- 21 奥斯曼帝国的崛起

奥斯曼"黄金时期"

- 34 "征服者"穆罕默德二世
- 46 "大帝"苏莱曼一世
- 60 勒班陀海战
- 66 苏丹女权时期
- 77 托普卡珀皇宫

奥斯曼人的生活

- 81 奥斯曼帝国国家机关
- 88 多彩帝国

103	奥斯曼艺术长廊
109	圣索菲亚大教堂
110	奥斯曼清真寺
117	维也纳之战
122	希腊的独立之路
132	扛起反奥大旗的领袖
138	坦齐马特改革
150	奥斯曼帝国：现代化之路

奥斯曼帝国的衰落和灭亡

163	青年土耳其党人革命
166	第一次世界大战中的奥斯曼帝国
175	加里波利之战
180	阿塔图尔克：土耳其人之父
188	现代土耳其的诞生
198	奥斯曼遗产

奥斯曼帝国的起源

8	奥斯曼帝国的兴衰史
10	奥斯曼人是谁
12	奥斯曼一世
21	奥斯曼帝国的崛起

奥斯曼帝国的兴衰史

作为连接欧亚大陆的门户，奥斯曼帝国这头雄狮存活了六百余年，才缓缓低下了它骄傲的头颅

帝国诞生

在一个名叫奥斯曼的塞尔柱突厥人的领导下，一个新的帝国在安纳托利亚诞生了。奥斯曼一世开创了奥斯曼王朝，并将帝国命名为"奥斯曼"。

占领加里波利

奥斯曼一世之子奥尔汗命令军队登陆马尔马拉海海岸，突袭加里波利半岛。最终，奥斯曼人占领了这片地区，这也是奥斯曼帝国在欧洲大陆打的第一场胜仗。但奥斯曼人的野心远不止于此……

1299 — 1354

版图不断"缩水"的帝国

奥斯曼帝国不断失去领土，包括今天的罗马尼亚、塞尔维亚和保加利亚，被冠上"欧洲病夫"的称号。

克里米亚战争结束

俄国进军奥斯曼帝国统治下的克里米亚。最终，奥斯曼土耳其人拉拢了欧洲列强加入战争，成功逼迫俄国撤军。

伦敦海峡公约

《伦敦海峡公约》是由欧洲列强、俄国和奥斯曼帝国签订的一份协议，确定军舰可以自由通行连结地中海与黑海的土耳其海峡。

希腊独立战争

为了反抗奥斯曼帝国的统治，希腊人发动了独立战争。在欧洲列强的帮助下，经过了血雨腥风的战斗，希腊人赢得了独立。

1832年，根据《君士坦丁堡条约》，奥斯曼苏丹最终承认希腊为独立国家

1878—1912   1853—1856   1841   1821—1832

巴尔干战争

在 巴尔干战争之前，奥斯曼帝国在欧洲有 **16.93** 万平方千米的疆域。**1913** 年，它失去了在欧洲的大部分领土。

巴尔干战争包括第一次巴尔干战争和第二次巴尔干战争。

马其顿地区被一分为三——希腊、塞尔维亚和保加利亚。

青年土耳其党人发动政变

民族主义革命组织青年土耳其党人武力夺权。他们试图推动奥斯曼帝国走上现代化的道路，但他们的外交政策实在是一场"灾难"。

青年土耳其党成立于1889年，目标是建立一个现代化且更自由的国家。

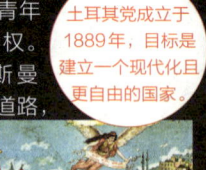

第一次世界大战

当"一战"在欧洲爆发时，奥斯曼帝国加入了德国阵营（同盟国）。然而，他们在战斗中溃败，成千上万名士兵阵亡。

1912—1913   1908—1909   1914

阿尔巴尼亚人的民族英雄

1443年 斯坎德培领导阿尔巴尼亚人反抗奥斯曼帝国，被誉为"民族英雄"

25年来，斯坎德培成功抵御了奥斯曼帝国的13次进攻

讲述斯坎德培经历的作品有超过**1000**部，共20种语言

—1468

进军君士坦丁堡

在苏丹穆罕默德二世的统治下，奥斯曼人围攻了君士坦丁堡，这里曾是东罗马帝国（又称拜占庭帝国）的首都。奥斯曼人胜利后，将君士坦丁堡定为新的帝都。

1453

塞利姆一世征服叙利亚、阿拉伯、巴勒斯坦和埃及

在苏丹塞利姆一世的统治下，奥斯曼帝国继续扩张，于1516年占领了叙利亚，并于次年占领了埃及。

1516

维也纳之战

奥斯曼人多次尝试进攻维也纳，均以失败告终。他们决定再试一次。但最终，他们还是没能啃下这块"硬骨头"。从那以后，他们再也没有动过这个念头。

—83

征服突尼斯

为了夺回被西班牙占领的突尼斯，奥斯曼帝国派出10万大军。最终，1574年11月，西班牙投降，奥斯曼夺回突尼斯。

1535

苏莱曼一世

苏莱曼一世**在位46年**

苏莱曼对波斯共发动了**3**次战争，征服了更多的土地

苏莱曼苏丹还扩张了奥斯曼帝国在欧洲的领土，成为欧洲四大传奇君王之一

1520—1566

亚美尼亚大屠杀

1915年，150万亚美尼亚人被杀害。那些侥幸存活下来的人被押往荒无人烟的山区和寸草不生的沙漠。一路上无水无粮，也没有任何形式的遮蔽。

—15

阿拉伯大起义

麦加的侯赛因·伊本·阿里发动起义，英国人觉得这是千载难逢的机会，顺势攻占了"圣城"耶路撒冷。

> 英军的将领是埃德蒙·艾伦比，他们于1917年12月攻占了耶路撒冷

1916

共和之路

1922年 11月1日，苏丹体制废除

1923年 7月24日，《洛桑条约》签订

1923年 10月29日，土耳其共和国正式成立，凯末尔当选为第一任总统

1922

奥斯曼人是谁

奥斯曼帝国的诞生源于另一个
王朝——塞尔柱王朝的突然兴衰

哈雷斯·阿尔·布斯塔尼

奥斯曼帝国的起源最早可以追溯到塞尔柱王朝。塞尔柱王朝是一个由中亚北部的游牧民族乌古斯人建立的王朝。11世纪，由于地少人多，成千上万的乌古斯骑兵为了寻求机会，来到了东安纳托利亚。他们一路劫掠到拜占庭，然后满载战利品返回呼罗珊。

后来，塞尔柱人占领了早已从昔日显赫的阿拔斯帝国分离出来的波斯，征服了加兹尼王朝，并控制了阿拔斯哈里发。阿拔斯哈里发授予塞尔柱人图赫里勒"苏丹"的头衔。1063年，苏丹图赫里勒逝世，他的侄子阿尔普·阿尔斯兰击败了竞争对手，夺取了王位。征服波斯后，他继续扩张帝国的版图，占领了阿塞拜疆和亚美尼亚，最后把目光投向了隶属拜占庭帝国的安纳托利亚（今土耳其的亚洲部分）。

安纳托利亚资源丰富，拥有七个天然港口，是拜占庭帝国的"心脏"和最富裕的地区。肥沃的土地孕育了无数村庄、城镇和城市，它们均与中东的主要贸易路线相连。

安纳托利亚也是曼齐刻尔特战役的主战场。在这场战役中，阿尔普·阿尔斯兰以少胜多，击败了声势浩大的拜占庭军队，取得了决定性的胜利。他甚至俘获了拜占庭皇帝罗曼努斯四世，并向他提出了一系列要求。就在拜占庭人四处逃窜，甚至自相残杀时，大批游牧民涌入安纳托利亚。他们的到来引发了一系列社会变革和文化变革。惊慌失措的拜占庭人不得不将他们的土地让给了塞尔柱人。塞尔柱人将这里定为了都城。1096年，耶路撒冷也被塞尔柱人占领，走投无路的教皇乌尔班二世发起了十字军运动，呼吁欧洲基督教各国解放圣地。

就这样，塞尔柱人被赶出了尼西亚。他们迁往安纳托利亚中部的科尼亚，逐个吞并了他们的邻居——北边是强大的达尼什曼德王朝，东北边是萨尔图克卢和门居切克，东南边是阿尔图格王朝——吸纳了

▲ 圣城耶路撒冷被塞尔柱人占领后，教皇乌尔班二世发起十字军运动

大量的外来人口——库尔德人、阿拉伯人、希腊人、亚美尼亚人和犹太人。亚美尼亚人对塞尔柱人的到来非常欢迎，库尔德部落首领也加入了塞尔柱人的军队。之后，罗姆苏丹国从塞尔柱帝国中独立出来。

1176年，罗姆苏丹国苏丹基利杰阿尔斯兰二世在安纳托利亚西南部击败了拜占庭皇帝曼努埃尔一世的大军。这场胜利不仅粉碎了拜占庭人重新夺回安纳托利亚的希望，还为塞尔柱人打开了一条通往安纳托利亚海岸的道路，并开辟了许多贸易路线。两年后，基利杰阿尔斯兰二世统一了整个安纳托利亚中部（这可能是历史上首次），建立了一个王国，（拜占庭）希腊人称之为"Turcia"（土耳其）。

到了13世纪，罗姆苏丹国与邻居拜占庭建立了和平。他们大兴土木，修建清真寺、学校、医院和花园。这一时期，建筑、艺术和文学蓬勃发展。建筑、钱币和契约上使用的是阿拉伯文字，而波斯语则成为宫廷语言。这种文化也影响了拜占庭。

1243年，罗姆苏丹国在安纳托利亚北部惨败给大蒙古国，从此沦为后者的藩属。到了14世纪，塞尔柱诸王朝已经处于崩溃的边缘。在西安纳托利亚这片土地上，剩下的是一群野心勃勃的诸侯国。

看到塞尔柱诸王朝正在从内部土崩瓦解，突厥人意识到是时候在安纳托利亚建立新政权了。在西北方有一名突厥贝伊（首领之意），他的目光牢牢锁定在君士坦丁堡。而他也比任何人都清楚那里意味着什么。这个人就是奥斯曼，他是游牧部落的首领。而这个小小的部落，最终会成为一个庞大帝国。

那些没有被奥斯曼的宗教热情所吸引的战士,看中的是打劫掠夺异教徒的机会

奥斯曼一世

奥斯曼一世是一名有远见卓识的外交官和勇士,他文武双全,开创了奥斯曼王朝,奠定了一代帝国的基础

哈雷斯·阿尔·布斯塔尼

1071 年，塞尔柱突厥人在曼齐刻尔特大败拜占庭军队。此后，大量来自伊朗和中亚的突厥人迁入安纳托利亚，他们渴望新的土地和新的牧场。这些游牧部落的首领试图在此处落脚，向塞尔柱人进贡，让他们接受穆斯林的统治。然而，到了14世纪，整个安纳托利亚陷入了一片混乱。此时的拜占庭帝国已是日落西山，全然不复昔日的强大，曾经辽阔的帝国现在就只剩下君士坦丁堡、色雷斯、马其顿、希腊部分地区和西安纳托利亚的一些港口。

由于缺乏强有力的统一领导，安纳托利亚的突厥人逐渐独立，各大部落首领（突厥语中称为"贝伊"）开始争夺黑海、地中海和爱琴海之间的土地。这些突厥人的骨子里仍流淌着游牧民族的血，他们习惯了居无定所的生活。对他们来说，战斗、突袭和打猎早已是家常便饭。然而，随着一路向西迁徙，他们逐渐尝到了定居的甜

奥斯曼的大军所向披靡，势不可挡。

▲ 奥斯曼把目光锁定在了拜占庭帝国的君士坦丁堡

奥斯曼的军队

奥斯曼早期的军队是一群突厥游牧民,使用的武器包括复合弓、剑、战斧、狼牙棒甚至连枷。大多数士兵穿的都是皮革和厚羊毛衣,配有圆形小盾牌、皮革或金属头盔,只有富有的士兵才能穿上锁子甲。轻装上阵也给予了这支军队出色的机动性,指挥部由两翼主力部队保卫,奥斯曼通过挥舞旗帜和吹箭来下达作战指令。

奥斯曼发动反击最常用的一大战术就是,让一排士兵刚好退到敌人的射程范围外,一齐向敌人射箭然后撤退,再让另一排士兵续上火力。每个骑兵拥有多达三匹马,保持射箭的节奏,确保火力源源不断。另一大战术是佯装撤退,然后再埋伏突击。这需要事先对地形有足够的了解和研究。游牧骑兵弓箭手一生都在训练之中,他们从狩猎、劫掠和与相邻部落的战斗中积累经验。

▲ 骑马射箭是一项非常有效的技能,能够一招制敌,需要不断从狩猎、突袭和小规模战斗中积累经验才能熟练掌握

▲ 随着领土不断扩张,奥斯曼的信心也不断膨胀,摆脱了日渐衰落的塞尔柱王朝的束缚

头。他们开始修建纪念碑和清真寺,彰显他们的威望和虔诚。在遥远的西北方,靠近拜占庭帝国的边缘,坐落着一个游牧部落,他们的首领叫作奥斯曼。

传说,奥斯曼人的祖先是苏莱曼沙阿。苏莱曼沙阿是乌古斯突厥人,葬身于幼发拉底河。他的儿子埃尔图鲁尔是一位部落首领,因躲避蒙古大军从中亚逃难到了安纳托利亚。塞尔柱人赏给了他安纳托利亚西北部一块叫"瑟于特"的土地,并允许他在附近的高地放牧。然而,奥斯曼王朝的真正缔造者是埃尔图鲁尔的儿子——奥斯曼。奥斯曼是一名前线指挥官,他在瑟于特发动针对异教徒的战争,给自己冠

▲ 奥斯曼的领导对民众很有吸引力，那些厌倦了旧秩序的人纷纷加入他的麾下

以"加齐"的头衔，即"信奉伊斯兰教的战士"。

就这样，许多突厥首领趁乱确立了自己的领地，他们向塞尔柱人进贡，获得一定的自治权。

除此之外，奥斯曼所处部落还占有地利优势，正好位于新兴的拜占庭帝国、塞尔柱帝国和伊儿汗国之间，吸引了形形色色的人。奥斯曼的追随者有游牧民、士兵、奴隶、流浪的苦行僧、僧侣、神职人员、无家可归的农民、学者和商人。这些人和他的父亲一样，都是逃难来到西边的。他们希望能有一个新的开始，而奥斯曼也是这么打算的。不过，安定下来是首要的。

若队伍中出现任何异心，奥斯曼会立刻将其扼杀在摇篮中。父亲去世后，奥斯曼杀死了自己的亲叔叔，镇压了当地格尔米扬部落的起义，并与相邻的鞑靼部落作战以巩固自己的统治。不过，奥斯曼并没有打算在安纳托利亚的东边和南边建国，而是把目光投向了西北方的君士坦丁堡。虽然拜占庭帝国已经不复往日的强大，但是其都城君士坦丁堡仍是至高威望和力量的象征。

说得更实在点，占领君士坦丁堡就意味着拥有对博斯普鲁斯海峡的控制权。在奥斯曼和君士坦丁堡之间，有着大片肥沃的土地。和安纳托利亚一样，欧洲东南部

▲ 从安纳托利亚西北部的瑟于特出发，奥斯曼将领土扩张到了埃斯基谢希尔，并进一步攻占了西南部的卡拉贾希萨尔。接下来，奥斯曼率军一路向北，分别拿下伊内格尔和比莱吉克，接着又占领了耶尼谢希尔并定都于此。巴菲乌斯之战中，奥斯曼击溃了拜占庭帝国，包围了布尔萨和尼西亚，切断了拜占庭帝国各大城市之间的联系，并将农村地区洗劫一空

也处于四分五裂的状态，动荡不堪。与此同时，比提尼亚的居民早已厌倦了向拜占庭帝国缴纳巨额税款，但他们没想到自己最后却成了突厥人的"猎物"。征服比提尼亚，奥斯曼人并没有不管三七二十一直接发动进攻，而是先主动同北方的萨卡里亚人接触，发现他们非常愿意助上一臂之力。

比提尼亚位于拜占庭帝国边境，驻守边境地区的是帝国的"边防军"，这些边防军享受免税待遇，而且还可以打劫高地上的部落。然而，在从拉丁帝国手中夺回君士坦丁堡后，拜占庭皇帝米哈伊尔八世·巴列奥略就剥夺了边防军的土地和财富。在随后的起义中，边防军被收编进常规军内，但怨恨的种子已经埋下。所以当奥斯曼人打来时，东边的防御形同虚设，甚至许多

心怀怨恨的士兵临阵倒戈，帮助奥斯曼人对抗自己的老东家。

以埃斯基谢希尔（土耳其语中意为"古老的城市"）为中心，奥斯曼一路向北，通过外交斡旋或发动战争征服了拜占庭的许多属国。奥斯曼的军队所向披靡、势不可挡。他的军队沿袭了中亚军队的传统，以轻装弓骑兵为主力，他们善于用谋略击溃并围歼敌人。信心大增的奥斯曼不愿像父亲那样臣服于塞尔柱人的统治，他决定创建属于自己的王朝，把命运握在自己的手中。

拿下埃斯基谢希尔后，奥斯曼又率军占领了卡拉贾希萨尔堡垒。有资料记载，奥斯曼给格尔米扬和其他贝伊国的百姓提供了居所。在卡拉贾希萨尔站稳脚跟后，奥斯曼又攻占了耶尼谢希尔（土耳其语中意为"新的城市"），为手下的士兵盖了更多的房子，并正式将耶尼谢希尔定为首都。这也被认为是奥斯曼王朝诞生的标志。尽管未能攻占尼西亚，但14世纪初，奥斯曼在马尔马拉海岸边的巴菲乌斯大胜拜占庭军队，也因巴菲乌斯之战而被载入了史册。在这场战役中，奥斯曼将游牧草原部落的战斗风格展示得淋漓尽致：研究地形、选择战场、派出弓骑兵给予敌人致命一击。

为了对付奥斯曼人，拜占庭将军穆扎隆征募了一批受过鞑靼训练的阿兰人弓骑兵。他甚至试过用船只迅速调动部队，以达到"出其不意"的效果，但这一切都在奥斯曼的预料之中。他率领一只由游牧民和志愿军组成的军队，成功扭转了战局。等到阿兰人的援军乘船出发后，他们躲在灌木丛和山坡后伏击，一举击败拜占庭人，接着乘势包围并歼灭了阿兰人。

这场大胜确立了奥斯曼的领袖地位，许多突厥人和基督教拥护者投奔到他麾下，各部落首领纷纷向他俯首称臣。奥斯曼率军一路向海岸进发，占领了拜占庭帝国的许多重镇、堡垒和村庄，并且切断了尼西亚和尼科米底亚之间的联系。奥斯曼带领他的新编部队突袭了比提尼亚的农村地区。除了几个主要城市之外，整个比提尼亚都

▲ 为了对付在比提尼亚为所欲为的奥斯曼，走投无路的拜占庭皇帝安德罗尼卡二世只能向伊儿汗国求助

▲ 从奥斯曼一世所铸造的钱币中，我们可以得知他的父亲叫埃尔图鲁尔，以及他已经建立了一个独立的国家

被奥斯曼占领了。至于剩下的这些城市，奥斯曼并不打算切断它们与外界的联系，而是遏制其经济的发展。

在这之后，拜占庭皇帝安德罗尼卡二世作出了一个破天荒的决定，他将一位拜占庭公主嫁给了奥斯曼早已名存实亡的统治者——伊儿汗国可汗。但是，后者并没有给拜占庭提供任何帮助，安德罗尼卡二世又不得已向西班牙十字雇佣军——加泰罗尼亚佣兵团求助。然而，加泰罗尼亚佣兵团反倒邀请奥斯曼一起进攻巴尔干半岛。后来，拜占庭帝国与塞尔维亚帝国联手，才击退了来犯的奥斯曼人和加泰罗尼亚佣兵。但到了这个时候，拜占庭帝国统治下的大多数农民都倒向奥斯曼一方了。

尽管打了几场胜仗，但面对庞大的拜占庭帝国，奥斯曼所统治地区还只是一个弹丸之地。不过，奥斯曼命令军队沿着萨卡里亚河向西推进，到达穆达尼亚港口。这样一来，奥斯曼就切断了君士坦丁堡和拜占庭另一重要城市布尔萨的联系。后来，旅行家伊本·白图泰是这样形容布尔萨的：这是一座伟大且重要的城市，有着熙熙攘攘的集市、宽阔的街道，四周到处都是花园和喷泉。尽管奥斯曼未能攻占布尔萨和尼西亚这样的大城市，但是比提尼亚周围的平原给予了奥斯曼人富饶的农业资源（尽管他们还没能真正富起来）。他们定居下来后，稳扎稳打地发展。在这一过程中，他们并没有沾染"大城市"的习气，也没有被它们的文化同化。

一枚1324年铸造的硬币上印着奥斯曼一世的肖像，可以看出他已经是一个独立的领袖了。奥斯曼一生都执着于攻下布尔萨，但直到去世，他都未能实现这一愿望。1326年，在围攻布尔萨四年未果后，奥斯曼去世了。奥斯曼的儿子奥尔汗完成了父亲的遗愿，攻占了布尔萨并迁都至此。

虽然奥斯曼的出生笼罩在神秘之中，但他留下的遗产却是实实在在的。他摆脱了游牧民族的出身，在世界的中心扎下了根。而仅仅一代人以后，就已经开花结果。他的儿子奥尔汗发行了独立的货币，建立了官方行政机构，组建了常备军。

由于缺乏史料，奥斯曼人后来喜欢将他们的开国领袖神化。15世纪流传着这样一个故事：一位塞尔柱苏丹赠予了奥斯曼象征官职的信物——一个鼓、一件荣誉长袍和一面马尾旗，承认奥斯曼是塞尔柱帝国的合法继承人。1575年，一位奥斯曼帝国的大臣甚至想方设法伪造了文件以证实这一说法。另一种说法是奥斯曼是拜占庭科穆宁王朝的后裔，这或许能合理解释奥斯曼人征服君士坦丁堡的行为。

为了证明奥斯曼人的统治要比他们的"邻居"——帖木儿人和土库曼人更具有正当性，有人甚至说奥斯曼的血统可以追溯到先知诺亚，还有人说他是汉志阿拉伯人的后裔。但事实上，奥斯曼很可能只是出生于一个普通的游牧民家庭。但这种"卑微"的出身只会让他的成就更加耀眼。奥斯曼凭借一己之力，为世界上曾闪耀一时的帝国打下了基础。

奥斯曼的梦

传说有一天，奥斯曼在"圣人"谢赫·艾德巴利家中睡觉时，梦到了一轮新月从艾德巴利的胸前升起，并落到了自己的胸前。随后，一棵大树从自己的肚脐中长出，覆盖了整个世界。在这棵树巨大的树荫下，人们从山脚下的溪流中取水饮用、浇灌花园、建造喷泉。奥斯曼将这个梦告诉了艾德巴利，据说"圣人"是这样回答的："恭喜你！上帝赋予你一国之君的无上荣光，你的子孙万代皆将得到庇护。我将把我的女儿玛尔可敦许配给你。"

后来，人们不断美化这个故事，最后甚至上升到神话的高度，以承认奥斯曼统治的正当性。有人甚至说这是发生在奥斯曼父亲身上的事。还有人则认为，这棵大树指向君士坦丁堡，君士坦丁堡变成了一枚戒指上的宝石，象征着奥斯曼帝国遍布五洲四海。有一种说法是，奥斯曼从梦中醒来后就戴着这枚戒指。早期的地契表明，艾德巴利这个人确实是存在的，而他的女儿也确实是奥斯曼的妻子之一（奥斯曼有两个妻子）。

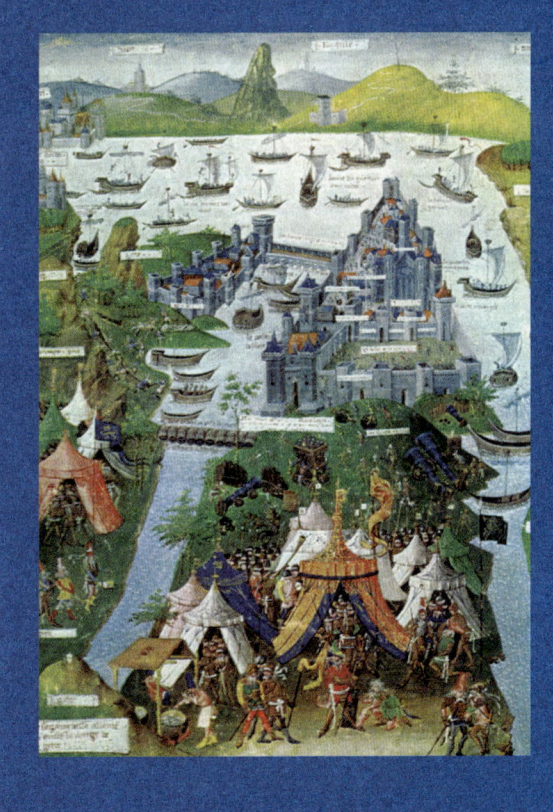

奥斯曼帝国的崛起

从默默无闻到庞然大物——奥斯曼人一路东征西讨，足迹遍布亚欧非三大洲，最终缔造了一个延续600余年的传奇帝国

威尔·劳伦斯

奥斯曼帝国堪称不朽传奇。它起源于西安纳托利亚平原一个小部落。鼎盛时期，奥斯曼帝国幅员辽阔，国土从今匈牙利延伸到波斯湾，从北非到高加索地区。到了17世纪，奥斯曼帝国开始逐渐衰落。20世纪20年代，奥斯曼帝国最终灭亡。

14世纪初，奥斯曼人首次登上历史舞台。起初，他们只是来自中亚的一个名不见经传的游牧部落，与其他突厥部落争夺安纳托利亚。安纳托利亚是块要地，北临黑海，西临爱琴海，南濒地中海。

安纳托利亚曾属于东罗马帝国。在新都君士坦丁堡修建完成后，东罗马帝国又被称为拜占庭帝国。13世纪，欧洲人攻陷了君士坦丁堡，拜占庭帝国开始走向衰落。到了1300年，拜占庭帝国在亚洲的领土就只剩下安纳托利亚海岸的几座港口。

在奥斯曼一世的带领下，奥斯曼人打败了其他眼红安纳托利亚的突厥部落，迈出了推翻拜占庭帝国以及建立地区政权的第一步。1299年，奥斯曼人包围了尼西亚城。奥斯曼帝国的传奇扩张史由此拉开了序幕。

奥斯曼的迅速崛起引起了拜占庭皇帝安德罗尼卡二世的注意，他开始对这些常年突袭自家边境的奥斯曼人心怀警惕。1302年，他集结军队，准备将奥斯曼人

奥斯曼帝国的建立，得从一个名叫奥斯曼的突厥部落首领的梦说起。

赶出去。然而，就在离君士坦丁堡不远的马尔马拉海南岸，拜占庭军队遭遇了埋伏。奥斯曼人击溃了他们，把他们赶了回去。

这是奥斯曼人对拜占庭帝国的首次大胜，随后他们乘胜追击，切断了布尔萨和尼西亚之间的联系。奥斯曼一世的声誉也由此水涨船高，成千上万的突厥人投奔到他的麾下。眼看着奥斯曼人的势力不断壮大，安德罗尼卡二世开始寻求结盟，但都无果而终。此后，奥斯曼人屡次出兵劫掠拜占庭帝国，一直持续到1326年奥斯曼一世去世。奥斯曼一世死后，他的儿子奥尔汗继承了王位。1326年，奥尔汗率军占领了布尔萨，并将其确立为奥斯曼帝国的第一个都城。

奥斯曼帝国的扩张

14—16世纪，奥斯曼帝国疯狂扩张，威胁到欧洲腹地

14世纪40年代，拜占庭帝国爆发内战，奥斯曼人应邀加入战争。1354年，奥斯曼人攻占了加里波利。加里波利成为奥斯曼人在欧洲的第一个据点。1361年，穆拉德一世率兵占领了阿德里安堡，并将其改名为埃迪尔内。1365年，埃迪尔内成为奥斯曼帝国的新首都。

拜占庭帝国的领土就这样被奥斯曼人一点点蚕食。最终，君士坦丁堡被奥斯曼帝国包围。拜占庭皇帝约翰五世被迫与奥斯曼人签署条约，曾经繁华无比的君士坦丁堡沦为了奥斯曼帝国的附庸。

占领埃迪尔内后，奥斯曼人在欧洲有了立足之地。随后，奥斯曼人继续向巴尔干半岛进军。同一时期，塞尔维亚帝国也迅速崛起。1389年，奥斯曼帝国和塞尔维亚展开决战，史称科索沃战役。虽然穆拉德一世在科索沃战役中遭遇刺杀身亡，但奥斯曼人再次笑到了最后。穆拉德一世的儿子巴耶济德继承了王位。他充分展现出了强大的军事实力，也由此赢得了"雷霆"的称号。

巴耶济德甚至扬言，要在罗马圣彼得

大教堂的圣坛饮马。平息帝国内乱后，巴耶济德率军占领了波斯尼亚和保加利亚。随后与西欧正面交锋，并在1396年尼科波利斯战役中打赢了与欧洲重装骑兵的第一仗。但奥斯曼帝国的发展也并非一帆风顺。1402年，巴耶济德被帖木儿击败，并在安卡拉被俘，奥斯曼人扩张的势头遭到了遏制。巴耶济德死后，奥斯曼帝国陷入权力斗争，帝国面临瓦解的危险。

但奥斯曼人再次受到了上天的垂怜。1422年，苏丹穆拉德二世首次率军围攻君士坦丁堡（未成功）。

▲"征服者"穆罕默德二世攻克并进驻君士坦丁堡

奥斯曼帝国早期的统治者

这些君王让奥斯曼帝国在历史上留下了浓墨重彩的一笔

奥斯曼一世：开国皇帝
有关这位来自安纳托利亚西北部的突厥部落首领的信息屈指可数。奥斯曼王朝和奥斯曼帝国都是以他的阿拉伯语名字命名的。奥斯曼一世死于1326年。

穆拉德一世：第一位苏丹
穆拉德一世于1360年登上王位，1389年逝世。在他的统治下，奥斯曼帝国在安纳托利亚和巴尔干半岛迅速扩张。在位期间，穆拉德建立了新的政府和行政机构，巩固了奥斯曼帝国的统治。这一时期，"苏丹亲兵"制度和"儿童税"制度也趋于成熟。

巴耶济德一世："雷霆"
巴耶济德一世于1389年登上王位，1402年去世，是奥斯曼帝国历任皇帝中最有野心的一位。

穆罕默德二世："征服者"
穆罕默德二世在1444年至1446年统治奥斯曼帝国，1451年再度即位，直至1481年去世。年轻气盛的他不顾大臣的反对，征服了君士坦丁堡，推翻了拜占庭帝国，并将君士坦丁堡改为奥斯曼帝国的首都。此后的400多年里，君士坦丁堡一直是奥斯曼帝国的中心。

苏莱曼一世："大帝"
苏莱曼一世在1520年至1566年担任奥斯曼帝国苏丹。苏莱曼一世奉行大胆的军事理念，扩充奥斯曼帝国的版图。他将医院骑士团赶出了罗德岛，并在摩哈赤大胜匈牙利军队。在他统治时期，奥斯曼帝国在法律、文学、建筑和艺术领域都实现了蓬勃发展。

1439年，他又发动了对匈牙利人的进攻。1444年，他在瓦尔纳与匈牙利人和包括强大的条顿骑士团在内的西方十字军组成的联军决战，结果联军溃败。这也是奥斯曼帝国历史上最重要的胜利之一。

穆拉德二世的继任者穆罕默德二世巩固了奥斯曼帝国在欧洲的势力。穆罕默德二世号称"征服者"，他于1453年攻陷了君士坦丁堡，并先后征服巴尔干诸国。1456年，雅典公国投降。不久后，伯罗奔尼撒半岛也被奥斯曼人征服。

不过，瓦拉几亚公国大公弗拉德三世·采佩什（亦称"穿刺大公"）还是给奥斯曼帝国带来了不少麻烦，而医院骑士团也成功保卫了罗德岛。但穆罕默德二世丝毫不受影响。1480年，他发动战争入侵

奥斯曼帝国的政府机构

苏丹
虽然帝国内设有名为"底万"的议会，但苏丹仍拥有至高无上的权力。所有的法律都以苏丹的名义制定。

行政机关
和罗马人一样，奥斯曼人也有一个强大的行政机关，以大维齐尔为首。

圣人
苏丹拥有"哈里发"的称号，是先知穆罕默德的继承者，而伊斯兰教学者"乌理玛"则是重要的立法者。

米利特制度
米利特制度赋予非穆斯林社区一定程度的自治权，允许他们自行任命宗教领袖和制定法律。

军事精英
整个庞大帝国的治安由常备军维护，奥斯曼人通过诸侯国王和部落首领来控制臣民。

意大利，这是他作出的最冒险的战争决定，引起了西欧的恐慌。最后拯救意大利的不是欧洲的军队，而是1481年穆罕默德二世的去世。

1520年，苏莱曼大帝登基。1521年，他攻占了贝尔格莱德。翌年，他又征服了医院骑士团守卫的罗德岛。1526年，苏莱曼大帝消灭了中世纪的匈牙利王国，这也是他最卓越的一场胜仗。

此后，奥斯曼人继续对哈布斯堡王朝发动战争，整个欧洲都陷入了恐慌。他们甚至一路打到了北非。在这一期间，出现了许多著名的战役，如1565年的马耳他之围、1570年占领塞浦路斯、1571年的勒班陀战役及1596年的克雷斯茨战役。敌人既已兵临城下，守卫欧洲"心脏地带"的战斗也即将打响。

1481年至1683年奥斯曼帝国征服的领土

■ 1481年的奥斯曼帝国　■ 1512年至1520年塞利姆一世征服的领土
■ 1520年至1566年苏莱曼大帝征服的领土　■ 1566年至1683年征服的领土　■ 沙漠

苏丹亲兵

奥斯曼军队就是一部令中世纪闻风丧胆的战争机器，最精锐的部队就是强大的苏丹亲兵

对于中世纪欧洲来说，奥斯曼军队是独一无二的。整个奥斯曼帝国就是在战争中诞生的，他们以战养战，即便是到了帝国的末期也不例外。1683年，奥斯曼帝国围攻巴格达。僵持之际，波斯人提出以决斗定胜负。苏丹穆罕默德四世披挂上阵，手刃了波斯勇士。和经常被他们打得满地找牙的欧洲军队不同，奥斯曼军队由全职的专业士兵组成。在所有的部队中，战斗力最强的就是"苏丹亲兵"（也称"耶尼切里军团"），他们是帝国的精锐步兵。这些人就是纯粹的战争机器，甚至禁止结婚和组建家庭。

他们唯一的嗜好就是战斗，而他们唯一效忠的人就是苏丹。他们是苏丹的贴身侍卫，是苏丹的禁卫军。苏丹亲兵都是从奴隶中的基督教男孩里挑选的。但如果把苏丹亲兵称为一支"奴隶军队"，那就失之偏颇了。在奥斯曼帝国中，苏丹亲兵享有无上的荣誉和威望。

这些男孩在很小的时候就成了俘虏，从此背井离乡。他们很多都是来自巴尔干贫穷落后的农村，看不到任何出路。被招募后，他们皈依了伊斯兰教，接受教育和军事训练，成为这个尚武国家的中坚力量。后来，他们之于奥斯曼帝国就像罗马禁卫军之于罗马，扮演着拥王者的角色。1622年，苏丹亲兵废黜了奥斯曼二世，拥护穆拉德四世即位。

▲ 奥斯曼士兵在巴尔干半岛征募苏丹亲兵

征兵制度

1377年，穆拉德一世招募基督徒战俘入伍。后世普遍认为这是苏丹亲兵制度的开端，穆拉德一世的继任者巴耶济德一世进一步完善了这一制度。14世纪80年代，巴耶济德二世引入了"德夫希尔梅"制度（也称"血税"或"儿童税"），征募来自巴尔干半岛的8—18岁的基督徒男孩。15世纪，苏丹穆罕默德二世曾写道："我们用异教徒心中的油点亮我们手中的灯。"

奥斯曼官员每隔3到7年就会去一次巴尔干农村地区，选拔最英俊、最强壮、最聪明的男孩为帝国服务。他们有的成了苏丹亲兵，有的成了行政人员，还有的成了宫廷仆人。

在帝国早期，为了避免百姓陷入贫困，苏丹下令家中长子、独子以及寡妇儿子可以免除兵役。同时，奥斯曼官员也不会带走村子里的全部牲畜，尽可能维持巴尔干半岛农业的繁荣发展。这样既可以促进帝国的发展，也可以避免起义和反抗。据估计，16世纪，每年约有1000到3000名男孩应征入伍。

通常来说，那些偏远山区的家庭很乐意让自己的儿子参军，这样就能谋求更好的发展。虽然严格来说，苏丹亲兵也还是奴隶，但他们可以和家人保持联系。而且他们是苏丹的私人财产，所以不会被买卖。

苏丹亲兵的装备

帽子
苏丹亲兵的头饰非常独特，他们帽子的前沿挂着一个小木勺，就像一个徽章，象征着苏丹亲兵之间的战友情：他们一起吃饭、一起战斗、一起死去。

长袍
一种叫作"卡皮纳特"的毛毡大衣，既轻便又防水。

制服
普通士兵穿的是蓝色羊毛制服，而高级军官穿的是毛皮镶边的夹克。

宽腿马裤
苏丹亲兵将长袍塞进宽腿马裤里，以免行军或战斗时造成不便。

火绳枪
第一代苏丹亲兵就是一流的弓箭手。待火绳枪一普及，他们就迅速掌握了使用方法并运用到了战斗中。

斧头
小斧头在近身作战时很有用，宫廷护卫配有长柄斧和戟。

土耳其弯刀
一种轻便的单刃弯刀，是苏丹亲兵的象征之一。

苏丹亲兵的崛起

苏丹亲兵在各个时期的具体数量无法统计，一项可靠的研究提供了如下数据：

1400年	1475年	1528年	1591年	1680年
1000人	6000人	2.7万人	4.8万人	5.4万人

火器一普及，苏丹亲兵就选中了火绳枪作为武器

苏丹亲兵的训练

这些男孩会从巴尔干半岛出发，前往奥斯曼帝国的首都，这段行程本身就是一场考验。抵达以后，他们便会接受割礼，皈依伊斯兰教。大多数人都是自愿的，很少人再次回归基督教。他们会接受测试，确定自己的最大潜能所在。天赋最高的人会被选入宫廷学校，未来在宫廷内或政府中担任职务。

而那些没有被选中的人就会被分配到军队中，他们会先被租借到奥斯曼农民家中劳动，最高可达七年。之后，他们会被送到训练基地。大多数人会接受正规步兵训练，学习如何使用各种武器，甚至还要学习数学。这些士兵受严格的纪律约束。

一些有才能的士兵会被选中到有权势的家庭里学习射击和驾驶等更多技术。常年的军营生活向新兵灌输了"忠诚"的观念。在大部队外出作战时，这些新兵会担起警察和消防员的职责。苏丹亲兵在长年累月的集体生活中形成了这样一种传统：他们会对着一个盛着盐、《古兰经》和宝剑的托盘向同伴宣誓效忠。不过，他们最终效忠的还是苏丹。苏丹亲兵是苏丹在帝国内的耳目，也是他的"战争杀手锏"。

君士坦丁堡的陨落

虽然奥斯曼人已经征服了君士坦丁堡的周边地区,但这场胜利对他们来说仍然意义非凡

"征服者"穆罕默德二世发动了对君士坦丁堡的最后一攻,曾经不可一世的拜占庭帝国的最后一块版图也被奥斯曼帝国收入囊中。尽管君士坦丁堡早已沦为了奥斯曼帝国的附庸,但穆罕默德二世还是渴望征服这座伟大城市带来的无上荣光。1451年,穆罕默德二世一登上王位就集结了军队,逐个击败在黑海岸边的拜占庭残部。1452年,他在博斯普鲁斯海峡的欧洲一侧建了一座堡垒,与亚洲一侧的另一座奥斯曼堡垒隔海相望。这样一来,奥斯曼帝国就控制住了这条具有战略意义的水道。

进出黑海的所有船只都在奥斯曼人的掌控中。一艘拒绝停船的威尼斯船直接被穆罕默德二世下令用大炮击沉。他将船员悉数斩首,并对船长安东尼奥·里齐实行穿刺之刑。一位历史学家曾这样描述:"当里齐的尸首在大雨中腐烂时,走投无路的拜占庭帝国向西方发出了最后的求救信号。"不过,热那亚、威尼斯和拉古萨都是贸易大城,与奥斯曼帝国有着密切的贸易往来,而且互相之间也存在分歧,所以并没有给到拜占庭人任何实质性的帮助。神圣罗马帝国的皇帝向穆罕默德二世提出了严正警告,但穆罕默德二世却对此嗤之以鼻,反而向拜占庭人下了最后通牒:所有拜占庭人必须在1453年3月5日之前离开君士坦丁堡,否则将会承受他的怒火。

据说,为了攻下基督教世界最东边的"心脏"——君士坦丁堡,穆罕默德二世集结了30万大军,这是奥斯曼帝国的全部兵力。这个数字或许有夸张的成分,但仅凭城内的1.2万拜占庭守军想抵抗城外乌泱泱

奥斯曼帝国成功的原因

1 常备军
奥斯曼帝国是自罗马帝国以来首个拥有专业的常备军和出色的军事后勤保障的欧洲国家。当欧洲君主还得费尽口舌劝说争吵不休的地方领主参战时,苏丹只要一声令下,整个奥斯曼帝国就像一台运转顺畅的战争机器,随时准备作战。

2 军队士气高昂
除了为战争而生的苏丹亲兵,奥斯曼帝国的其他部队往往受到宗教狂热的驱使,发动针对异教徒的战争。他们的指挥官能够制定合理有效的作战计划,让军队保持高昂的士气。

3 治理手段灵活
对外扩张领土的时候,奥斯曼人采取的是非常强硬的手段。而在治理人民方面,他们的手段就相对温和。对于那些难以改变信仰的地区,他们允许不同的宗教存在。奥斯曼人还允许他们保留当地的法律和习俗,当地百姓才能更加顺从,助力帝国的战争事业。

的奥斯曼大军，说是螳臂当车也毫不为过。

随着庞大的奥斯曼舰队驶入马尔马拉海，一门28英尺①长的大炮出现在了君士坦丁堡的最外墙。这是一件令人闻风丧胆的战争武器，据说光是它的青铜炮管就有8英寸②厚，需要700名壮丁和60头牛才能将整门大炮拖到指定位置。

但君士坦丁堡也不是一块"好啃的骨头"，两道坚固的城墙再加上许多塔楼构成了这座城市坚不可摧的防御工事。拜占庭皇帝还下令用一根巨大的铁链封锁了金角湾的入口，防止奥斯曼人偷袭近海的内城墙。

---

① 1英尺为0.3048米。
② 1英寸为0.0254米。

▼ 1453年征服君士坦丁堡

4月6日 轰炸开始

1 一方面,奥斯曼军队沿着狄奥多西城墙挖掘战壕,并用大炮轰击拜占庭的防御工事。另一方面,工兵则在塔楼下挖掘地道。他们还用上了比城墙还高的攻城塔,试图攻破防御。

4月20日 小型舰队抵达

2 罗马教皇派出的三艘划桨帆船及拜占庭帝国的一艘满载着来自西西里岛的玉米和其他必需品的补给船乘风破浪,穿过马尔马拉海。奥斯曼帝国的战舰想要将其拦截。随后便上演了一场惊心动魄的"猫捉老鼠"的游戏。最后,补给船成功进入金角湾,给君士坦丁堡的守军送去了补给。

4月22日 陆地行船

3 穆罕默德二世将70多艘战舰通过陆路运输,送入金角湾以北的一条河中。拜占庭帝国向这支奥斯曼舰队发起了一场突袭,但未能成功,反倒是己方死伤惨重。至此,拜占庭人已经到了悬崖边上。

奥斯曼
指挥官:穆罕默德二世
参战人数:8万到30万
战舰数量:90到125艘
伤亡人数:伤亡惨重,但人数不详

拜占庭
指挥官:君士坦丁十一世
参战人数:7000到1.2万
战舰数量:25艘
伤亡人数:约4000人

5月28日 大决战

4 奥斯曼人对城墙西北部的薄弱部分发动了第一波猛烈进攻,苏丹亲兵和安纳托利亚步兵被疯狂的拜占庭军击退。在最后一次进攻中,苏丹亲兵成功扭转了战局。

5月29日 君士坦丁堡沦陷

5 奥斯曼人找到了"竞技场门"的缺口,一举突破了防线,拜占庭皇帝君士坦丁十一世不得不退回内城墙。许多评论家认为君士坦丁十一世是在指挥最后一次反攻时阵亡的。

战争的初始阶段,奥斯曼人就遇到了不少麻烦。在君士坦丁堡坚固的城墙面前,他们的大炮并没有预想中的那么有效。攻城塔被放火烧毁,挖的地道也被摧毁。更糟糕的是,4月有一支小型补给舰队竟然成功突破了他们的封锁,完好无损地进入了金角湾。

穆罕默德二世想到了一招妙计。不久后,他就完成了一项工程壮举——在博斯普鲁斯海峡和斯普林斯之间建了一条陆上船槽。通过这条木制船槽,他将70艘战舰送进了金角湾。现在,穆罕默德二世可以从更近的地方发起海上攻势了。

1453年5月29日,穆罕默德二世发动了最猛烈的一次进攻,海陆同时出击。他的苏丹亲兵从一道城墙缺口中冲入城内,取得了最终的胜利。据推测,拜占庭皇帝君士坦丁十一世在集结军队时牺牲了。攻下君士坦丁堡后,穆罕默德二世允许手下的士兵在城内劫掠,成千上万的平民沦为了奴隶。此后,苏丹接管了这座城市,并将此地重建为一座大都市。

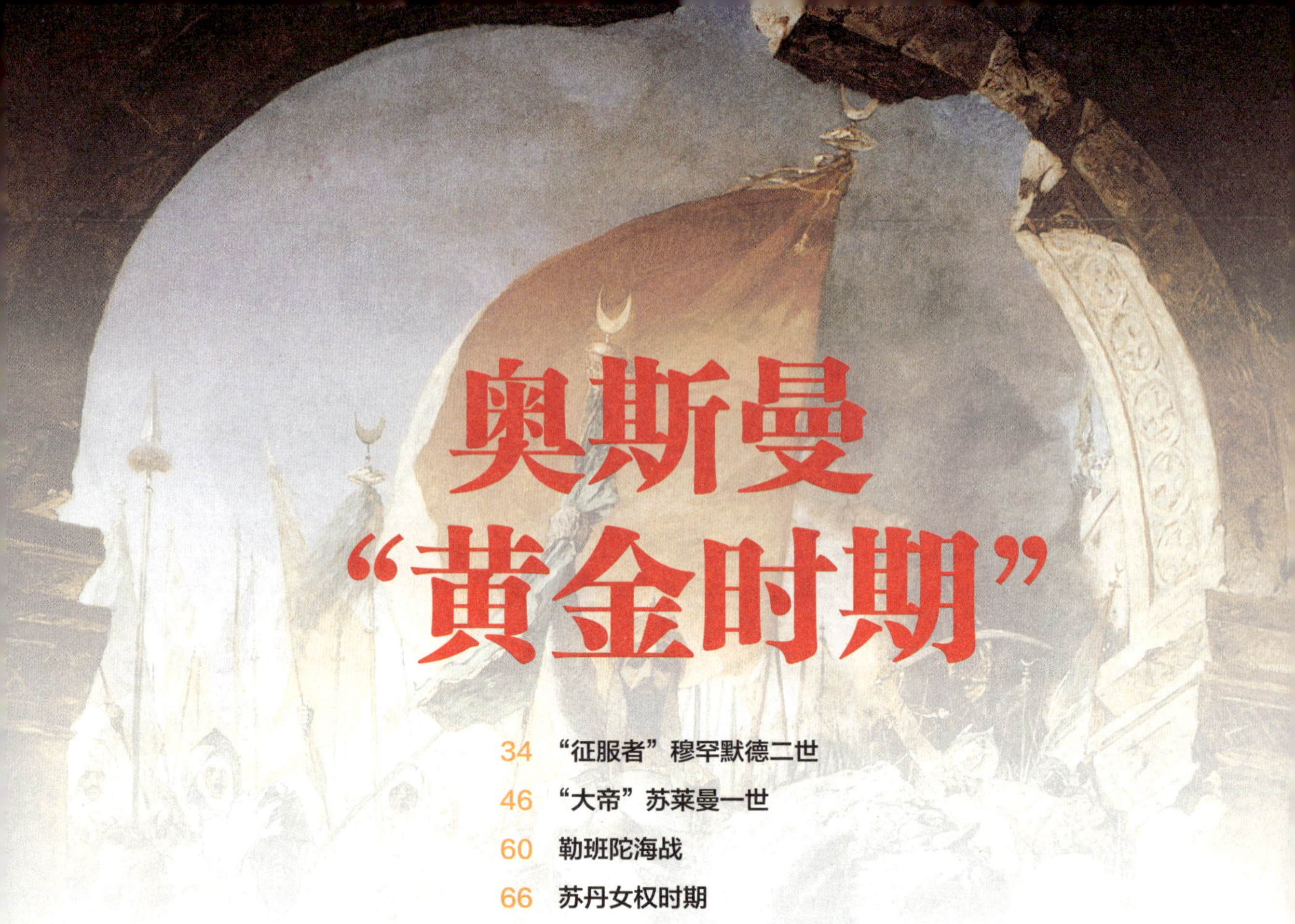

奥斯曼"黄金时期"

34 "征服者"穆罕默德二世
46 "大帝"苏莱曼一世
60 勒班陀海战
66 苏丹女权时期
77 托普卡珀皇宫

"征服者"
穆罕默德二世

这位奥斯曼苏丹手段残酷,击败一众强敌,在15世纪建立起了一个超级帝国

威廉·威尔士

1453年5月29日清晨,穆罕默德二世兵临君士坦丁堡城下。他向士兵喊道:"我的朋友、我的子民,向敌人进攻!证明你们的价值的时候到了!"奥斯曼军队一边如阅兵般有条不紊地朝着城门前进,一边高喊"安拉!"。他们用攻城炮将城墙炸出了一个缺口,城内的拜占庭守军搭了一个简易的路障将缺口堵住。当奥斯曼军想爬上去占领这个路障时,城内的守军用滚石将他们击退,并向他们投掷滚烫的沥青和"希腊火"。

穆罕默德二世亲自骑马前往战场督战,他朝士兵吼叫,甚至对他们破口大骂,逼他们冲进城内。他指挥新的一批人马冲锋,根本不给城内的拜占庭守军喘息的机会。

1453年，21岁的奥斯曼苏丹穆罕默德二世征服了君士坦丁堡

▲ 奥斯曼军队的最后一次进攻彻底击溃了拜占庭帝国的防线，君士坦丁堡城内血流成河

鏖战良久，奥斯曼人还是没能取得胜利，只好撤军。

穆罕默德二世围攻君士坦丁堡已经整整53天了。1453年5月29日，他决定发动最后一攻。好几天前他就想好了，这是他给自己的最后一次机会。要么胜利，要么撤军。算上宫廷禁卫军的精锐和苏丹亲兵，他还有足够的人手再组织一次大冲锋。果断大胆是一名优秀指挥官必备的素养，穆罕默德二世就是一个很好的例子。他亲自带领士兵前往最终的决战之地。这些士兵也渴望战斗，他们需要一个在苏丹面前证明自己的机会。

就在奥斯曼士兵奋力突破敌人防御的

穆罕默德二世还有两个同父异母的哥哥,都是苏丹的继承人,但他们都很早就去世了。从很小的时候起,穆罕默德就喜怒无常,在他统治期间,他也经常暴怒。

15世纪40年代,穆拉德二世经历了两次出师不利后决定退位,让位给儿子穆罕默德。但由于当时穆罕默德年龄尚小,无法稳定帝国的局势,所以在大维齐尔哈利勒的请求下,老苏丹穆拉德二世重新出山。1451年2月3日,穆拉德二世去世后,穆罕默德二世再次成为苏丹。他一即位就批准了与拜占庭人、匈牙利人、塞尔维亚人和威尼斯人签订的现有条约和停战协定。由于少年即位时表现出的青涩,对方根本没把穆罕默德二世当回事,认为他笨手笨脚、软弱无能。但这一切都是穆罕默德二世故意制造出来的假象。

他对拜占庭皇帝君士坦丁十一世的和平许诺都是假的。对于奥斯曼人来说,君士坦丁堡一直是他们的眼中钉、肉中刺。拜占庭帝国阻碍了奥斯曼帝国在安纳托利亚和鲁米利亚之间扩张领土,甚至分别于1396年、1444年和1448年发动了十字军运动,目的就是为了将君士坦丁堡从奥斯曼人的手中"解救"出来,但奥斯曼帝国展现出了强大的军事实力,每次都让十字军铩羽而归。

为了扭转这一局面,穆罕默德二世做了两手准备。一,在爱琴海北部快速启动造舰计划。二,在安纳托利亚堡垒的对岸,也就是博斯普鲁斯海峡的欧洲一侧再修建一座堡垒。穆罕默德二世将其命名

同时,穆罕默德二世骑着马在战场中来回穿梭给他们助威。尽管刚开始的进攻很顺利,但奥斯曼人还是被击退了。不过这次,幸运女神青睐了奥斯曼人。城内的守军已是强弩之末,此时恰好又发生了两件事,而这两件事也成了压垮他们的"最后一根稻草"。

为"Boghaz Kesen",意为"截断海峡的城堡",故又称"割喉堡"。"割喉堡"将作为奥斯曼人围攻君士坦丁堡的前沿阵地,同时让奥斯曼帝国控制住了黑海地区的海上贸易。修建"割喉堡"的地点仍属于拜占庭帝国的领土,从这一点也可以看出,穆罕默德二世根本不承认拜占庭的主权。

1452年4月,奥斯曼人开始动工,在仅仅4个月之后就宣告完工。1452年6月,君士坦丁十一世曾派使者向穆罕默德二世献礼并请求他停工,但穆罕默德二世直接砍了拜占庭使者的脑袋。这一行为无异于直接向拜占庭帝国宣战。

穆罕默德二世亲自监督"割喉堡"(又称"如梅利堡垒")的施工。就在此时,有个名叫乌尔班的匈牙利工程师找到了穆罕默德二世,声称自己能造出足以击穿坚固城墙的巨炮。其实乌尔班先去找了君士坦丁十一世,但这位拜占庭皇帝已经负担不起造大炮的昂贵费用了。而穆罕默德二世立即重用了乌尔班。

乌尔班在如梅利堡垒造了第一门大炮,穆罕默德二世打算试试它的威力。据说,这门青铜大炮能够发射重达272千克的石球炮弹。奥斯曼驻军将这门大炮安装在了离水面最近的炮塔上,距离博斯普鲁斯海峡只有640米,正好在射程范围之内。穆罕默德二世下令,所有通过博斯普鲁斯海峡的船只都必须接受奥斯曼海军的检查。这是为接下来围攻君士坦丁堡做好准备,确保拜占庭人无法将粮食和其他物资从黑海沿岸的拉丁殖民地运到君士坦丁堡。

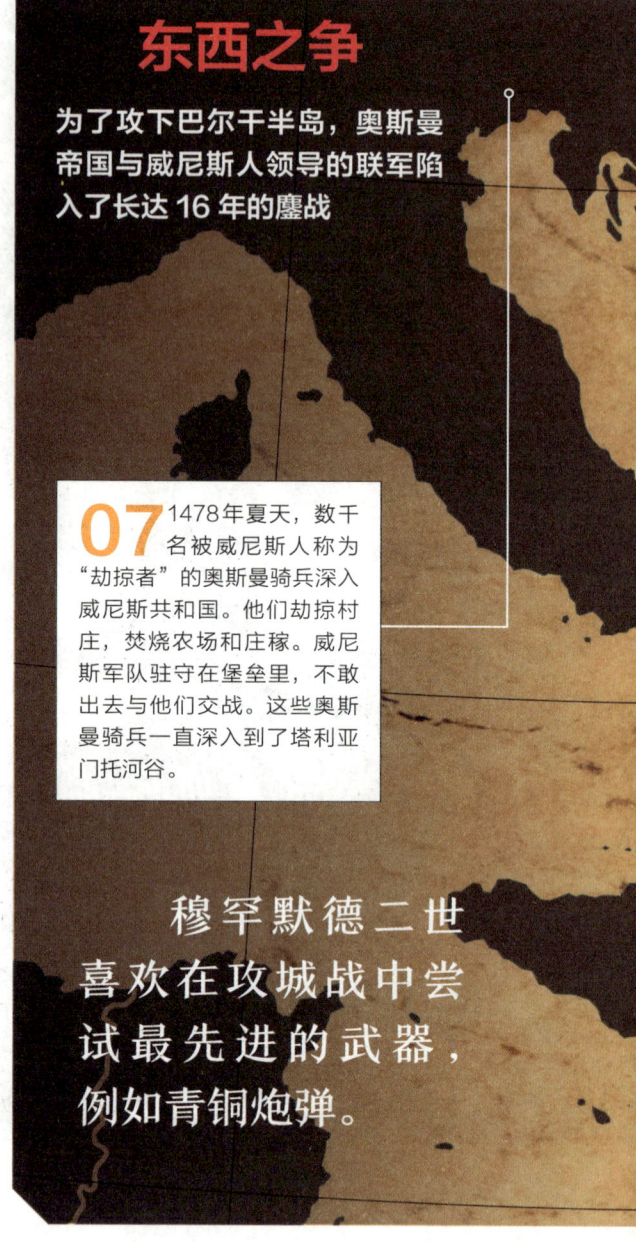

东西之争

为了攻下巴尔干半岛,奥斯曼帝国与威尼斯人领导的联军陷入了长达16年的鏖战

07 1478年夏天,数千名被威尼斯人称为"劫掠者"的奥斯曼骑兵深入威尼斯共和国。他们劫掠村庄,焚烧农场和庄稼。威尼斯军队驻守在堡垒里,不敢出去与他们交战。这些奥斯曼骑兵一直深入到了塔利亚门托河谷。

> 穆罕默德二世喜欢在攻城战中尝试最先进的武器,例如青铜炮弹。

1452年11月25日,三艘威尼斯商船试图突破奥斯曼帝国的封锁,给君士坦丁堡运送粮食。其中的两艘成功了,但最后一艘船直接被击沉。穆罕默德二世"仁慈"地将船员和船长从水里捞了起来,随后下令将船员悉数斩首,并对船长实行穿刺之

04 1467年，奥斯曼军队进入阿尔巴尼亚和波斯尼亚，威胁到威尼斯属达尔马提亚和威尼斯属阿尔巴尼亚地区的安全。由于担心奥斯曼人会进攻，许多阿尔巴尼亚人逃往意大利。

03 1466年6月，穆罕默德二世率领3万军队进军阿尔巴尼亚，占领了克鲁亚要塞。为了让阿尔巴尼亚的军事统帅斯坎德培退缩，奥斯曼人对阿尔巴尼亚的村庄大肆劫掠。这位杰出的将军在克鲁亚城外建了一个"固若金汤"的防御工事，抵挡住了奥斯曼人的进攻。仅持10个月后，奥斯曼人只能放弃围攻。

08 第一次奥斯曼－威尼斯战争以奥斯曼帝国的胜利结束。1479年1月，双方签订《君士坦丁堡条约》，要求威尼斯割让阿尔巴尼亚的斯库台要塞和克鲁亚要塞以及希腊的埃维亚岛和利姆诺斯岛给奥斯曼帝国。此外，威尼斯还需向奥斯曼帝国赔款15万金币。

06 1478年，穆罕默德二世再次入侵阿尔巴尼亚，迫使克鲁亚投降。随后，他又包围了斯库台要塞。尽管守军已是弹尽粮绝，但他们誓死抵挡，拒不投降。穆罕默德二世只能撤军。

05 1470年，奥斯曼人发动海陆联合作战，进攻威尼斯位于埃维亚岛的主要海军基地。一方面，奥斯曼人派出300艘军舰守住哈尔基斯的港口。另一方面，穆罕默德二世率领大军包围了哈尔基斯。几次攻城失败后，一名威尼斯叛徒向奥斯曼人透露了城墙最脆弱的位置。奥斯曼人于7月12日占领了哈尔基斯。

02 1464年8月，威尼斯雇佣兵队长西吉斯蒙多·马拉泰斯塔抵达希腊迈索尼的堡垒，他手下有2100名士兵。1.2万奥斯曼将士进军摩里亚，他们击退了马拉泰斯塔的先头部队，剩下的士兵只能四处逃窜。

01 1463年4月，奥斯曼人占领了摩里亚（又称"伯罗奔尼撒半岛"）阿尔戈斯的威尼斯堡垒，标志着第一次奥斯曼－威尼斯战争的开始。奥斯曼土耳其人对威尼斯在摩里亚南部的营地，如勒班陀和迈索尼，发动大规模突袭。威尼斯人想夺回阿尔戈斯并占领科林斯，但没有成功。他们决定与匈牙利人和阿尔巴尼亚诸侯结盟。

刑，起到"杀鸡儆猴"的效果。

在此之前，穆罕默德二世就开始扩充海军，并购买威力巨大的新型攻城炮（这种大炮直到15世纪才在欧洲出现）。军队和装备都有了，穆罕默德二世认为攻下君士坦丁堡已是十拿九稳。而另一边，拜占

奥斯曼海军共派出125艘军舰进攻君士坦丁堡，是拜占庭军舰数量的5倍。

▲ 事实证明，在1453年的围城战中，奥斯曼帝国的轰炸在打开君士坦丁堡厚厚的陆墙缺口方面非常有效

庭人没能从罗马教皇或威尼斯共和国争取到大规模援军，只能依靠自己原有的驻军和来自热那亚的少量援军。大战在即，奥斯曼帝国派出了8万人，而另一边，拜占庭人只有6000名驻军和3000名援军。除此之外，奥斯曼人还派出了125艘战舰进军君士坦丁堡，而拜占庭人驻守在金角湾的战舰只有25艘。拜占庭人在海上拉起了一条巨大的铁链，下方用木质漂浮桶支撑，封锁了金角湾的入口。

穆罕默德二世对乌尔班在如梅利堡垒造的青铜大炮非常满意，他要求乌尔班再

附近。尽管城内的拜占庭希腊守军也有大炮，但他们的塔楼在奥斯曼人的重型武器面前实在是不堪一击。

1453年4月5日，穆罕默德二世率军亲临君士坦丁堡城下。他派了一名使者，要求城内守军立刻投降，他将确保城内百姓的安全。但拜占庭皇帝没有答应。虽然他知道自己寡不敌众，可能会溃败，但他还是选择为了人民的荣誉而战。

为了守住君士坦丁堡长达23千米的城墙及96座塔楼，拜占庭人不得不分散兵力。君士坦丁堡有一道外城墙及一道更高的内城墙。在外城墙朝陆地一侧的前方，还有一道宽宽的沟壕能阻挡奥斯曼军队的进攻。拜占庭皇帝聘请热那亚的守城专家乔万尼·朱斯蒂尼亚尼负责巩固城防。朱斯蒂尼亚尼还带来了700名热那亚士兵，他安排人对城墙进行修复和加固。

穆罕默德二世是一位杰出的指挥官，不仅能亲自带兵打仗，也善于谋略。他还善于接受新事物，像青铜大炮这样的新式武器，他很快就能用到战场上。

1453年4月6日，奥斯曼大军抵达君士坦丁堡城外，穆罕默德二世将军营驻扎在圣罗马努斯之门和查瑞休斯之门之间，正对陆墙中心。4月11日，奥斯曼炮兵第一次使用了青铜巨炮，直接摧毁了查瑞休斯之门附近的一大片城墙。但奥斯曼人没有想到，拜占庭守军只用了一个晚上就把城墙修复了。直到4月底，奥斯曼人也没能攻破君士坦丁堡的防御，但他们仍然持续不断地对城墙发动炮击。

造一门更大的攻城炮，用来进攻君士坦丁堡的坚固城墙。穆罕默德二世还让人在埃迪尔内建一个工厂，用来制造炮弹和小型枪炮。乌尔班打造的威力最强的大炮长达8米，可以发射重达608千克的石球炮弹。1453年3月，这门大炮被运到君士坦丁堡

君士坦丁堡面向金角湾一侧的城墙大约有2千米长，这片区域不需要防守，算是让拜占庭人喘了一口气，但穆罕默德二世没有让他们得意太久。4月初，穆罕默德二世令手下的工程师修建了一条陆地上的"船路"——从马尔马拉海一直到加拉塔郊区海拔60米的山坡上，这个山坡位于金角湾的另一岸，与君士坦丁堡隔海相望，最后到达被称为"泉水谷"的地方。这样一来，奥斯曼海军就越过了拜占庭人的封锁，直接进入了金角湾。

4月22日，数百名奥斯曼士兵用牛群将80艘中小型军舰拖到了一条涂了润滑油的木制"船"道上。通过这条"船"道，奥斯曼军舰就可以"翻山越岭"进入金角湾。这看似是一项不可能完成的任务，但奥斯曼人有技艺高超的工程师和充足的人力。穆罕默德二世下令在金角湾建一座浮桥，准备对君士坦丁堡濒临金角湾的一侧发动第二次进攻。

5月中旬，穆罕默德二世接到消息，匈牙利援军正在赶往君士坦丁堡。得知此消息后，穆罕默德二世将决战的日子定在了5月29日。他下令，海陆进攻必须同时发动，以分散城内守军的力量。5月29日早晨，拜占庭皇帝和朱斯蒂尼亚尼将最精锐的2000名士兵布防在陆墙中心的内外墙之间，准备与奥斯曼人决一死战。

英勇的拜占庭人成功抵挡了几轮进攻，但一支奥斯曼小队发现了靠近布拉赫奈宫的一个秘密入口，那里无人把守。这是导致奥斯曼帝国胜利的第一个幸运事件。

50名奥斯曼士兵冲上云梯占领了一部分城墙。随后，他们又成功占领了一座塔楼，并为城外的大军打开了城门。奥斯曼士兵在他们已经占领的城墙上拆下了威尼斯和拜占庭的旗帜，竖起了奥斯曼帝国的旗帜。

与此同时，朱斯蒂尼亚尼也受了重伤，不得不退出战斗。这是导致奥斯曼帝国胜利的第二个幸运事件。朱斯蒂尼亚尼一离开，守军的士气大落。据说，拜占庭皇帝也死在了战斗中，但没有找到他的尸首。

尽管穆罕默德二世此前向士兵承诺，胜利后允许他们在城内尽情掠夺三天，但最后他只给了一天的时间。傍晚时分，穆罕默德二世带领大臣、伊玛目和苏丹亲兵进入了城内，举行胜利大游行。占领君士坦丁堡后，穆罕默德二世将其重新命名为伊斯坦布尔。

君士坦丁堡沦陷后，拉丁基督教世界经历了一波又一波的恐慌。在随后的几年里，奥斯曼人一步步蚕食罗马人、热那亚人和威尼斯人在爱琴海和黑海的殖民地，让他们寝食难安。

穆罕默德二世一生共领导了19次战役，其中三分之二的仗是在东欧打的。他身先士卒，在帝国的东西战线之间来回奔波，战场上常常能看见他的身影。穆罕默德二世从小就有一个"征服"梦，并下定决心要征服罗马。尽管后来穆罕默德二世没有实现这个目标，但他仍率领奥斯曼军队对抗巴尔干半岛的一系列敌人。他吞并了一些拜占庭帝国主要的诸侯国，如阿尔巴尼亚、塞尔维亚和瓦拉几亚等，将它们纳入了蓬勃发展的奥斯曼帝国版图。

1456年，穆罕默德二世包围了塞尔维亚首都贝尔格莱德。匈牙利王国的军事统帅亚诺什·匈雅提率军前往塞尔维亚解围。贝尔格莱德的防御非常坚固，穆罕默德二世低估了这场战斗的难度。1456年7月21日，匈雅提成功对围攻的奥斯曼军队展开了反击。匈牙利人包围并斩首了潜入城内的苏丹亲兵，还用燃料将城墙底部战壕里的苏丹亲兵活活烧死。

匈牙利人一路打到苏丹的营帐，穆罕默德二世拔出自己的佩剑，向敌人冲去。在随后的激烈战斗中，他的大腿中了箭。奥斯曼士兵认为败局已定，纷纷各自逃窜。穆罕默德二世大怒，随即下令处决了几名将军。亚诺什·匈雅提不幸感染瘟疫去世。失去了这位匈牙利将军的援助，塞尔维亚于1459年被奥斯曼人攻占。

占领君士坦丁堡后，穆罕默德二世的首要任务之一就是消灭拜占庭帝国的残余势力，粉碎他们光复拜占庭帝国的梦想。他需要消灭科穆宁王朝和巴列奥略王朝的后代，这样一来，就没有人会来夺回被奥斯曼帝国占领的拜占庭领土了。托马斯·巴列奥略和季米特里奥斯·巴列奥略是拜占庭皇帝君士坦丁十一世的兄弟，也是摩里亚专制国（位于伯罗奔尼撒半岛）的君主，他们拒绝向奥斯曼帝国缴纳年贡。1460年，穆罕默德二世将他们两兄弟流放并吞并了摩里亚。

1461年，穆罕默德二世率领十万大军进攻安纳托利亚，推翻了特拉布宗帝国大卫·科穆宁的统治。这场胜利充分体现了奥斯曼帝国海陆力量的完美配合。

穆罕默德二世带领军队长途跋涉，翻山越岭来到特拉布宗。1461年8月，在长达11个月的围攻后，他占领了这座城市。随后，他将大卫·科穆宁及其家人囚禁了起来。两年后，他下令处死大卫及其六个儿子，而大卫最小的儿子幸免于难。

穆罕默德二世的优点之一就是保密工作做得密不透风，使得他的敌人无法安插间谍或叛徒刺探军情。有一次，一位随行出征的高级将领问穆罕默德二世此行的目的地是哪里，他回答道："如果我的胡子知道了我的作战计划，我会把它拔下来烧掉。"在进攻鲁米利亚时，穆罕默德二世的保密工作也做得很好。1466年，当他穿过保加利亚时，没有人知道他的目标到底是阿尔巴尼亚、摩里亚还是塞尔维亚。最后，他选择的是阿尔巴尼亚。

1473年，穆罕默德二世在东安纳托利亚发动了另一场战役，以消除土库曼白羊王朝统治者乌尊哈桑的威胁。在牢牢控制军队的同时，奥斯曼大军在奥特鲁克贝利击溃了土库曼人,并俘虏了3000名士兵。

在解决了拜占庭各王朝的威胁之后,穆罕默德二世开始把目光转向鲁米利亚。1461年,他率军北上,穿过瓦拉几亚的黑森林。瓦拉几亚公国大公弗拉德三世·采佩什(亦称"穿刺大公")杀害了成千上万的保加利亚人和奥斯曼人,以达到震慑敌人的效果。他不仅拒绝向奥斯曼帝国缴纳年贡,还频繁袭击奥斯曼帝国控制的保加利亚北部地区。穆罕默德二世没有被吓倒,而是全心全意地专注于自己的目标。最终,他将弗拉德三世流放,并与弗拉德的兄弟拉杜三世达成协议。这位"识时务"的统治者成了苏丹忠诚的附庸。

尽管屡遭挫折,但穆罕默德二世仍然坚定不移地专注于自己的军事目标。阿尔巴尼亚一战就充分体现了他的这种锲而不舍的精神。1466年,穆罕默德二世在征服阿尔巴尼亚的过程中,遇到了他除亚诺什·匈雅提之外的一生之敌——乔治·卡斯特里奥蒂(也称"斯坎德培")。斯坎德培曾是奥斯曼帝国的一名将领,三年前,他揭竿反抗奥斯曼帝国,成为穆罕默德二世征服阿尔巴尼亚的主要障碍。在穆罕默德二世统治期间,奥斯曼帝国总共对阿尔巴尼亚发动了13次袭击。

奥斯曼帝国对阿尔巴尼亚的进攻也是第一次奥斯曼-威尼斯战争(1463—1479)的一部分。1468年,斯坎德培死后,穆罕默德二世下令摧毁或拆除阿尔巴尼亚所有的堡垒,防止他们再派游击队偷袭奥斯曼帝国的补给线。

"征服者"穆罕默德二世吞并了阿尔巴尼亚、波斯尼亚、摩里亚和塞尔维亚,扩大了奥斯曼帝国的版图,也为他的继任者入侵匈牙利奠定了基础。他还征服了特拉布宗和卡拉曼尼亚(指安纳托利亚中南部地区),巩固了奥斯曼帝国在安纳托利亚的统治。

穆罕默德二世很有决心和毅力,并且富有远见。他是一名工于心计的政治家、一位杰出的军事统帅、一个善于鼓舞人心的战场指挥官。尽管从现在的眼光来看,他为人狡猾,手段残忍。但在他那个时代,邻近地区的统治者也相差无几。穆罕默德二世的一生也不乏困难与挫折。如1456年围攻贝尔格莱德失败和1480年围攻罗德岛失败。但他能够克服极其严峻的挑战,取得最终的胜利。由于他的众多成就,他足以进入奥斯曼帝国历史上的"苏丹万神殿"。

奥斯曼海军力量

苏丹穆罕默德二世启动了一项快速造船计划，以使他的舰队能与拉丁海上强国并驾齐驱

在他统治的第一个十年，苏丹穆罕默德二世批准了一项快速发展海军的计划，以应对威尼斯和热那亚海军的威胁。穆罕默德二世下令动员整个帝国的力量，将造船所需的原材料从帝国各地运到造船厂。

同时，由于缺乏造船人才，奥斯曼帝国还从下属的希腊地区雇了一批造船工匠，派遣到位于加里波利、伊斯坦布尔和伊兹密特的奥斯曼造船厂，建造新的桨帆船、弗斯特船、前桅横帆双桅船和运输驳船。来自被征服的殖民地的希腊和拉丁水手被迫在船上服役。最终，奥斯曼帝国的战舰数量扩大到了原来的十倍。1451年穆罕默德二世上台时，整个帝国只有50艘战舰。到他统治的最后几年，奥斯曼帝国拥有500艘战舰。

强大的海军让穆罕默德二世能够进一步扩张国土，征服那些以前去不到的地方。例如，1475年，在征服位于克里米亚半岛的热那亚的贸易中心卡法的战斗中，奥斯曼海军就发挥了关键作用。

奥斯曼舰队能将大部队运送到遥远的地方，也能发动海上突袭。奥斯曼帝国海军的扩张让威尼斯人惶惶不安，他们认为强大的奥斯曼海军对他们的海上贸易和海军基地是极大的威胁。威尼斯人终于意识到，奥斯曼人从那时起就打算挑战他们在东地中海地区的统治地位。

▶ 奥斯曼帝国的桨帆船运送苏丹穆罕默德二世的军队远征黑海地区的拉丁殖民地

"大帝"苏莱曼一世

这位奥斯曼苏丹一路深入欧洲大陆的腹地，
迫使欧洲列强承认他的统治。
他带领奥斯曼帝国进入了黄金时代

劳伦·麦凯

16世纪初，欧洲的权力处在一个"三足鼎立"的局面，三位充满活力的年轻君主各占一方：英国的亨利八世、法国的弗朗索瓦一世和神圣罗马帝国的查理五世。1520年，在遥远的奥斯曼帝国，26岁的苏莱曼一世接任苏丹。当时，欧洲没有多少人在意这个消息。然而，仅仅一年多的时间，这位苏丹的名字就传遍了整个西方世界。他在世的时候，欧洲人给他起了一个更响亮的头衔："大帝"苏莱曼一世。

关于苏莱曼的相貌，最早的记录是这样的：他身材高大，长着一张圆脸，鹰钩鼻，脖子有点长，额头宽宽的，淡褐色的眼睛如鹰般锐利。从7岁开始，苏莱曼便被送到奥斯曼帝国首都伊斯坦布尔的托普卡珀皇宫接受皇家教育。

在托普卡珀皇宫优雅的大厅里，地板上铺着蓝色、白色和绿松石色的马赛克瓷砖，周围随处可见精美的地毯和精致的纺织品，年轻的苏莱曼一世就是在这里接受教育。在名师的教导下，他学习了历史、科学、文学、神学和军事战术。苏莱曼一世是一位天才诗人，语言天赋也异于常人，他能说五种语言：土耳其语、阿拉伯语、察合台语（一种中亚地区的土耳其方言）、波斯语和塞尔维亚语。事实上，欧洲人之所以对于苏莱曼一世登基一事完全不在意，有一部分原因是他给人的感觉就是一名温文尔雅的学者，而不是像他父亲一样的战争狂徒。

苏莱曼一世的父亲塞利姆一世被称为

▲ 苏丹亲兵是苏莱曼军队中的精锐步兵，他们令整个欧洲都闻风丧胆

"冷酷者"。在位短短8年间，他便征服了埃及马穆鲁克王朝和波斯萨法维王朝，给他的儿子苏莱曼一世留下了一个疆域辽阔的帝国。这意味着除了今天的希腊、土耳其和黑海沿岸地区，苏莱曼一世还继承了埃及、利比亚、叙利亚、巴勒斯坦、沙特阿拉伯的汉志地区和阿尔及利亚海岸。人们普遍认为苏莱曼一世会继续向东边扩张，但这位年轻的苏丹有自己的野心。

苏莱曼一世和查理五世有着相似的抱负，这也导致两人在位期间经常发生冲突。相比之下，亨利八世和弗朗索瓦一世倒是显得有些胸无大志了。前者想要夺回法国，

▲ 16世纪梅尔基奥尔·洛克给苏莱曼一世绘制的肖像

而后者则希望有朝一日能够夺回米兰公国。查理五世狂热地想要统一并扩张基督教世界，进而统一全世界。这就包括夺回耶路撒冷以及苏莱曼一世心爱的都城伊斯坦布尔（原君士坦丁堡）。而苏莱曼一世则深受希腊英雄亚历山大大帝的故事的影响，认为自己继承了这位伟大君主的"衣钵"。

苏莱曼一世可能也对查理五世心怀嫉妒，因为查理五世继承了巨大领地，统治着一个疆域辽阔的帝国——甚至比自己的

▲ 苏莱曼一世在贝尔格莱德监斩囚徒

奥斯曼帝国还大。查理五世统治着欧洲西部、中部和南部的大片地区以及西班牙在美洲和亚洲的殖民地。早在英国维多利亚时代之前，查理五世统治下的西班牙就被西班牙牧师弗雷·弗朗西斯科·德·乌加尔德称为"日不落帝国"。

通过各种联姻，查理五世还与亨利八世和弗朗索瓦一世成为亲戚（至少在亨利八世和阿拉贡的凯瑟琳离婚之前是这样）。查理五世才是权力场上的重要玩家。相比之下，苏莱曼一世更像一名"看

他的苏丹亲兵是步兵中的精锐，令敌人闻风丧胆。

客"。然而，历史会证明，苏莱曼一世对16世纪的影响是无与伦比的。正如一位传记作家所写的那样，即便查理五世是全欧洲最有权势的人，他一生的大部分时间也都被苏莱曼一世"牵着鼻子走"。

1521年7月，刚刚登基的苏莱曼一世明确地表达了他的意图——向西进军。他亲自率领6000名皇家禁卫军骑兵、苏丹亲兵的精锐步兵部队、步兵，以及200名出身显赫、身材魁梧的年轻人，包围了贝尔格莱德。贝尔格莱德位于多瑙河畔，是一座戒备森严的城市，当时隶属于匈牙利王国。苏丹还派遣了一艘船队将贝尔格莱德封锁以防止增援，这座城市很快就沦陷了。然而，与1527年查理五世的军队野蛮地洗劫罗马不同，苏莱曼一世的军队对攻城期间造成的财产损失提供金钱补偿。除此之外，一旦他发现手下的士兵伺机掠夺，会将其立即处决。

占领贝尔格莱德后，苏莱曼一世从此在欧洲大陆的腹地就有了立足点。但他没有进一步向欧洲大陆进军，而是把目光转向了罗德岛。罗德岛是医院骑士团（也称圣约翰骑士团）在地中海的据点。医院骑士团是十字军的残余势力。奥斯曼帝国的船只经常受到医院骑士团的袭击，后者偷窃粮食和黄金，奴役异教船员。而且，苏莱曼一世已经向西方宣战，医院骑士团可能会构成更大的威胁。

苏莱曼一世从他父亲那里继承了一支强大的海军，并且花大力气进一步加强了帝国的海军力量。他派出约400艘装备精良的船只和10万名健壮、忠诚的士兵进攻罗德岛。经过六个月的惨烈战斗，奥斯曼帝国终于在1522年12月取得了胜利。

苏莱曼一世又一次展现出了他的宅心仁厚，不得不说这是一招妙棋。他被医院骑士团在战斗中展现出的英勇所打动，给他们12天的时间离开，并允许他们带上武器以及任何想要的贵重物品或宗教圣像。他还下令，三年之内，罗德岛上的居民可以在任何时候离开。

苏莱曼一世不打算进行高压统治，他希望赢得罗德岛上居民的支持，鼓励他们留下来，成为他的子民。最重要的是，他没有强迫这些基督教徒皈依伊斯兰教。而且他还承诺，每一座基督教堂都会受到保护，他也不会把任何一座基督教堂变成清真寺。事实上，苏莱曼一世大部分的扩张策略都非常灵活。

几十年来，被驱逐出西班牙的阿拉伯人和犹太人纷纷涌入伊斯坦布尔，伊斯坦布尔也因此获得了"宽恕之城"的美称。在这里，不论你信仰什么，你都会受到尊重，不用担心会被迫害。伊斯坦布尔的"新公民"各自发挥所长，成为商人、工匠和银行家。尽管所有的非穆斯林都得额外交税（这也大大充实了奥斯曼帝国的国库），但他们能在这里安稳地生活。

苏莱曼一世派遣使节进入特兰西瓦尼亚附近的山脉，会见波斯尼亚和克罗地亚的酋长。通过和平的手段，他进一步培养了他们的忠诚。据说，奥斯曼帝国统治下的一些希腊地区，农民的生活比以前威尼

▲ 美丽的泽扎德清真寺的内部结构，位于今天的伊斯坦布尔

苏丹的建筑师

天才建筑师米玛·希南为苏莱曼一世开辟了一个黄金盛世

米玛·希南早年便成了一名苏丹亲兵，后来被提拔为队长。他随着部队南征北战，去了埃及和希腊等地。这段从军经历激发并培养了他对建筑与工程的兴趣和热爱。

一直到46岁，米玛·希南才正式成为一名建筑师，但他的天赋和才能很快就得到了认可，并被任命为帝国首席建筑师。米玛·希南一生共为三位苏丹主持帝国的建筑工程——苏莱曼一世、塞利姆二世和穆拉德三世。他为奥斯曼帝国设计建造了300多座建筑，包括清真寺、宫殿、浴场和亭阁等，其中许多被认为是伊斯兰建筑的典范。

希南最著名的三大作品包括：泽扎德清真寺（为了纪念苏莱曼一世的儿子穆罕默德而建）、令人惊叹的苏莱曼尼耶清真寺（位于如今的伊斯坦布尔）以及优雅的塞利米耶清真寺（位于埃迪尔内）。希南深受6世纪拜占庭式建筑的影响，尤其是君士坦丁堡的圣索菲亚大教堂，其巨大的圆顶主宰着整座城市的天际线。

希南的作品代表了奥斯曼建筑的顶峰。在修建清真寺的过程中，他参考了古典的圆顶结构。每一个圆顶都巍然屹立在另一个圆顶之上，四周环绕着细长的尖塔，周边是宁静的花园。希南也开始构思不一样的设计，他用金字塔的形状作为地基，调整规模，开放建筑的内部结构。他还设计了窗户，让更多光线能够进入。

据说，希南曾这样评价自己的作品："泽扎德清真寺是我的学徒之作，苏莱曼尼耶清真寺是我的学成之作，塞利米耶清真寺是我的大成之作。"任何去到伊斯坦布尔的游客，都会被苏莱曼尼耶清真寺的尖塔和圆顶所吸引，都会承认它是建筑学和美学的巅峰之作。时至今日，苏莱曼尼耶清真寺仍然是奥斯曼文化的重要标志。

"王"牌大PK

三位君王的"属性"有何差别?

亨利八世

- 军事实力 **5**
  想要巩固他的王朝
- 宗教宽容度 **4**
  中低
- 帝国人口 **2**
  300万
- 帝国疆域 **1**
  约15.1万平方千米
- 征服实力 **2**
  并不热衷于扩张

查理五世

- 军事实力 **8**
  拥有一支庞大且勇猛的军队
- 宗教宽容度 **2**
  低
- 帝国人口 **9**
  2800万
- 帝国疆域 **9**
  400万平方千米
- 征服实力 **8**
  军事能力出众

苏莱曼一世

- 军事实力 **9**
  手下有令人闻风丧胆的苏丹亲兵
- 宗教宽容度 **9**
  高
- 帝国人口 **6**
  500万
- 帝国疆域 **7**
  227.372万平方千米
- 征服实力 **9**
  一位杰出的军事战略家

1529年,苏莱曼再次占领布达

斯人统治的时候好多了。希腊和法国商人的生意越来越红火。在大部分人的眼里，奥斯曼帝国象征着"稳定"。东欧人最开始的"奥斯曼土耳其恐惧"慢慢转变为"奥斯曼土耳其和平"。

但在西欧又是另一番场景。弗朗索瓦一世和查理五世总是针锋相对。用弗朗索瓦妹妹的话来说，两人生来就是宿敌。不过有趣的是，正是因为弗朗索瓦一世与神圣罗马帝国皇帝查理五世互相看不惯，在与神圣罗马帝国的战争中，他才考虑与奥斯曼帝国结盟。

1525年，神圣罗马帝国与法国在帕维亚开战，法国战败，国王弗朗索瓦一世被俘，他的母亲向奥斯曼苏丹提出和解。苏莱曼一世看到了一个机会，一个能让自己在欧洲进一步巩固地位的机会。苏莱曼一世给弗朗索瓦一世写了一封洋洋洒洒的信，让他放心并承诺伸以援手。这是一场深思熟虑的合作，标志着法国和奥斯曼帝国长达几个世纪的联盟的开端。欧洲人将其指斥为"不虔诚的联盟"。

1526年，在弗朗索瓦一世的默许下，苏莱曼一世向匈牙利出兵，并在摩哈赤平原击败了匈牙利国王。但是，奥斯曼人最雄心勃勃的西征计划最终还是以失败告终。1529年，苏莱曼一世率兵穿过多瑙河河谷，兵临维也纳城下。这是苏莱曼一世第一次攻打神圣罗马帝国的首都维也纳，但最终未果。1532年，苏莱曼一世第二次进攻维也纳，也没能取得胜利。

尽管如此，苏莱曼一世的军队还是让欧洲的君主闻风丧胆。他手下战无不胜的精锐步兵就是传说中的苏丹亲兵。这些士兵都是战俘和奴隶，主要是从希腊、阿尔巴尼亚和巴尔干半岛招募的基督教儿童。他们被带到奥斯曼帝国的首都接受教育和训练，成为最优秀的士兵，是苏丹最忠诚的捍卫者。

多年后，神圣罗马帝国大使奥吉尔·吉斯林·德·布斯贝克写道：苏丹的军队表现出令人难以置信的纪律性。他们耐心、服从命令、从不轻易打架斗殴。最重要的是，他们无所畏惧。他们从不喝酒，只喝水，每天只吃芜菁、黄瓜、大蒜、盐和醋。他们把水、面粉、少量黄油、牛肉粉末和香料混合在一起，每天喝一到两次，或许这就是奥斯曼帝国特调的"蛋白质奶昔"。布斯贝克总结道："拿我们国家的制度和奥

▲ 苏莱曼一世的军队令敌人闻风丧胆

苏莱曼一世统治下的奥斯曼帝国

7. 新月和百合花
法国和奥斯曼帝国的联盟震惊了欧洲的基督教世界。这个重要的双边联盟一直维持到拿破仑战争。

斯曼帝国的制度比一比，我都不敢去想我们的未来会怎样。"

但各国使臣回去向国王报告的不仅仅是奥斯曼帝国强大的军事实力。神圣罗马帝国、法国和威尼斯的使臣都对奥斯曼宫廷进行了详细的描述，展现了一个宏伟、奢华、优雅的世界。很快，奥斯曼的服饰、艺术和文化渗透到欧洲，变得备受推崇。在苏莱曼一世统治期间，欧洲人对这位富有创造力且聪慧过人的君主十分钦佩。曾经，苏莱曼一世被称为"天灾"，而现在，他被称为"大帝"。

苏莱曼一世身穿华丽的及地长袍，长袍以缎子和丝绸为面料，并用貂皮做内衬，长袍上还装饰着精美的图案。即便是欧洲最奢华的君主，与苏莱曼一世相比都会显

在苏莱曼一世的统治下，奥斯曼帝国蒸蒸日上

1. 一个时代的落幕
罗德岛是十字军留下的最后几个拉丁要塞之一，由医院骑士团驻守。经过漫长而又血腥的战斗，苏莱曼一世的军队战胜了医院骑士团，占领了罗德岛。

2. 罗马帝国的覆灭
君士坦丁堡是罗马帝国的"心脏"，被奥斯曼苏丹穆罕默德二世征服并改名伊斯坦布尔。苏莱曼一世下令在城内修建了好几项伟大工程（如苏莱曼尼耶清真寺），最后成为伊斯坦布尔的标志性建筑。

3. 奥斯曼人停下了远征的脚步
两次围攻维也纳失败后，苏莱曼一世不得不放弃了这一想法。奥斯曼人进军欧洲的努力也就止步于此。

4. 王之对决
摩哈赤战役堪称欧洲最具影响力的战役之一。在这场战役中，苏莱曼一世一举击败了匈牙利王国及其欧洲盟友。战斗结束后，匈牙利王国变得四分五裂。

5. 宿敌
1532年，奥斯曼帝国与邻国伊朗萨法维王朝因领土争端爆发战争。1534年，苏莱曼一世攻占巴格达，这场胜利巩固了奥斯曼帝国在美索不达米亚部分地区接下来长达一个世纪的统治。

6. 走出非洲
1551年，奥斯曼帝国征服利比亚首都的黎波里。从此以后，这片无秩序的土地就被奥斯曼帝国统治。从这里出发，巴巴里海盗可以肆意袭击来往地中海的船只。

- 苏莱曼征服的领土
- 苏莱曼继承的领土
- 查理五世的帝国

▲ 苏莱曼大帝的肖像画

得"寒酸"。苏莱曼一世还偏爱用柔软的白色亚麻布织成的衬衣,里面衬着白色的棉花和玫瑰色的丝绸,散发着沉香木的香味。而且这位苏丹,每一件衣服只会穿一次。

苏莱曼一世吃饭的餐桌和餐具都是银做的,喝酒的杯子则是用一整块绿松石雕成的。御膳厅里铺着厚地毯和金色的布。用膳期间,会有200名身穿红丝绸、头戴金绣帽的侍从在一旁服侍,共有50多道菜肴供苏莱曼一世和他的大臣享用,其中包括博斯普鲁斯海峡的各种海鲜:龙虾、鲟鱼、箭鱼等。

美轮美奂的奥斯曼服饰和地毯让欧洲人惊叹不已、浮想联翩。奥斯曼艺术、纺织品和文化在威尼斯流行起来,威尼斯总督宫里随处可见绚丽多彩的奥斯曼纺织品和地毯,英国汉普顿宫也是如此,这些东西在当时就是富裕和精致的代名词。甚至连亨利八世本人好几次在参加宫廷的假面舞会时,都把自己打扮成了"奥斯曼人"。

1532年,威尼斯商人卖给苏莱曼一世一尊黄金王座,上面镶满了宝石和珍珠,价值约4万达克特金币。在大殿之上,苏莱曼一世就坐在这尊黄金王座上接受各国使臣进贡的礼品：埃及的棉花、叙利亚的锦缎、摩苏尔的银盘、金布和青金石。苏莱曼一世特别喜欢中国瓷器，还进口了毛皮和阿拉伯战马。

1532年，苏莱曼一世率兵进攻维也纳。当时的人们是这样描述这一场景的：排在最前面的是挥舞着奥斯曼战旗的旗手，战旗上镶有珍珠和宝石。紧随其后的是步兵和骑兵。后面跟着12名见习骑士，他们头上戴着价值连城、金光闪闪的宝石头盔。其中最有名的一顶头盔是用纯金打造的，头盔上有四个皇冠，每个皇冠上都镶嵌着12克拉的珍珠、钻石、红宝石和一颗巨大的绿松石。这是威尼斯人的得意之作。有趣的是，这顶头盔的设计与罗马教皇的头冠竟惊人地相似。

苏莱曼一世的御马也非同寻常，光是马鞍的价值就约7万达克特，而用来保护马头的盔甲上还镶嵌着一颗如鸡蛋一样大的绿松石。苏莱曼一世头戴头巾，身穿一件由金色锦缎织成的毛皮长袍，长袍的颜色是极其尊贵的"宫廷紫"，上面镶嵌着大量宝石。他的脖子上还戴着一条奇重无比的黄金项链，甚至需要侍从在两侧用手托着减轻重量。

凡是出使奥斯曼帝国的使者都对苏莱曼一世赞不绝口。布斯贝克大使对苏莱曼一世任人唯贤的用人之道印象深刻。他写道："苏丹在任命大臣时，完全不在乎此人的财富或地位，也不在乎此人是否有人推荐或是否受欢迎。他会就事论事，仔细考虑每个人的性格和能力。在苏莱曼眼中，

▲ 普雷韦扎海战证明奥斯曼帝国是一支不容忽视的力量

57

苏莱曼一世对艺术和哲学也十分推崇。

出身并不重要,每个人都能把命运掌握在自己手中。成为怎么样的人,是自己的选择。"

因极度奢华的作风,欧洲人称苏莱曼一世为"大帝"。而他的臣民则称他为"卡努尼",意思是"立法者"。苏莱曼一世重新审视了帝国的行政制度,并对教育、税收和刑法等领域的法律实行了大刀阔斧的改革。

苏莱曼一世十分推崇艺术和哲学,大力资助这两个领域的发展。书法家艾哈迈德·卡拉希萨里和画家卡拉·梅米都是奥斯曼宫廷的常客。苏莱曼一世尤其重视手稿绘画、纺织品和陶瓷,为其发展提供了慷慨资助。

历代苏丹在年轻的时候都会学一门工艺,苏莱曼一世学的是金匠工艺,他曾亲自监督在托普卡珀皇宫工作的工匠。他还制定了一个雄心勃勃的建筑计划,并资助帝国首席建筑师米玛·希南修建了著名的苏莱曼尼耶清真寺和塞利米耶清真寺。苏莱曼一世对诗歌也很喜爱,他觉得自己也能算得上是一个诗人。他的笔名是"穆哈比",意思是"挚爱的朋友"。他的作品给人一种抒情、神秘、谦逊和真诚的感觉,大多抒发的是他作为君王的孤独感、对国家的热爱、对命运的接受和对美好事物的喜爱。

晚年的苏莱曼一世转而在宗教上寻找寄托。苏莱曼一世终年72岁,临终前还在与查理五世的继任者——神圣罗马帝国的马克西米利安二世作战。为了不影响士气,他甚至下令将自己的死讯保密。按照奥斯曼帝国的传统,人们先将苏莱曼一世的遗体洗净,将他的双手交叉放在胸前,用棉球塞住他的鼻子、眼睛和耳朵。然后,用一整块丝绸将他的遗体包裹住,下葬在他心爱的苏莱曼尼耶清真寺,面向圣城麦加。

苏莱曼一世是整个奥斯曼帝国历史上在位时间最长的一位苏丹。几十年间,苏莱曼一世与他在欧洲的对手或针锋相对或结为同盟。在奥斯曼帝国往后的历史中,再也没有一位苏丹能赢得如此多的尊重和赞美。

▲ 1556年，匈牙利的约翰·西吉斯蒙德觐见苏莱曼大帝

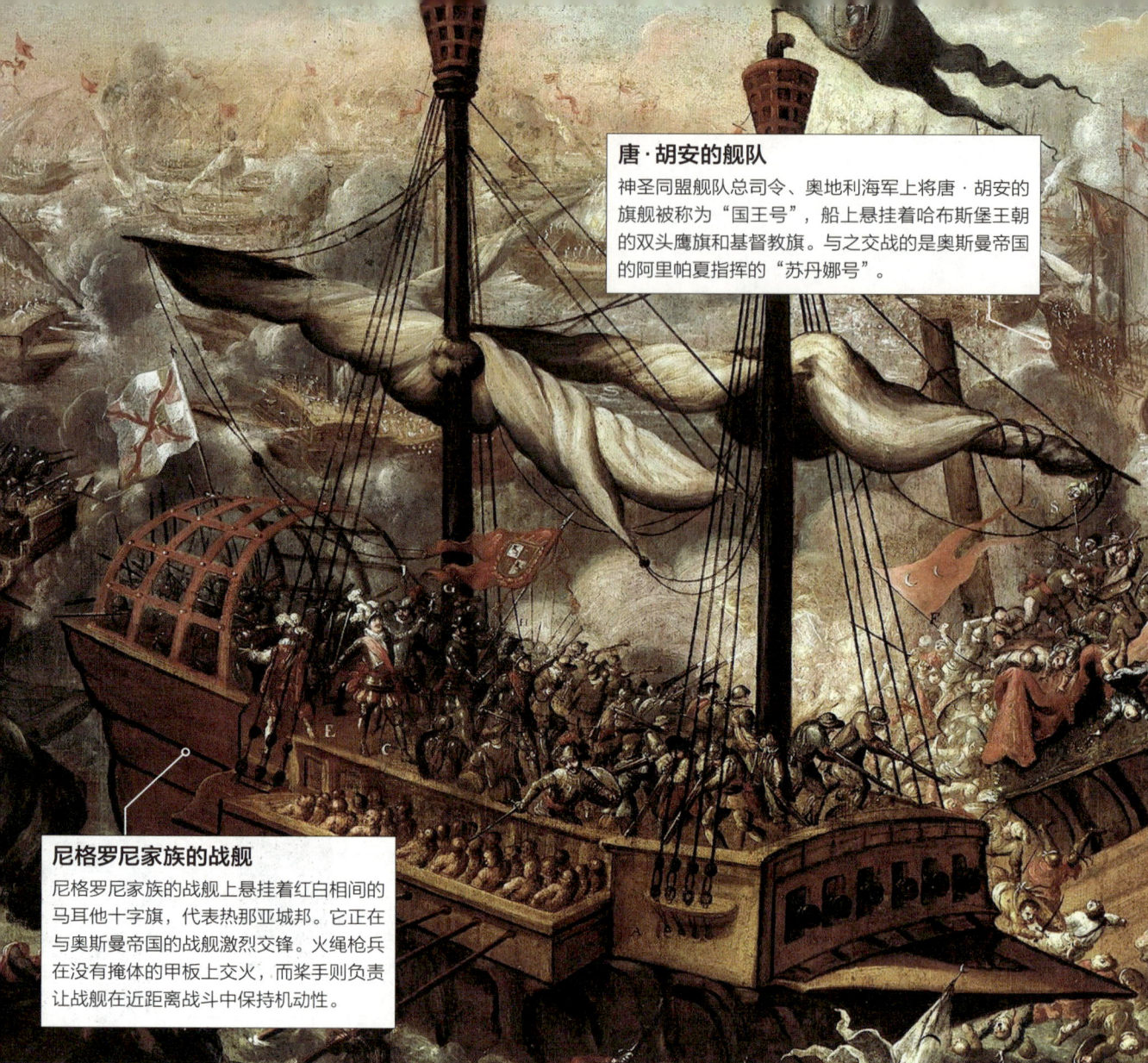

唐·胡安的舰队

神圣同盟舰队总司令、奥地利海军上将唐·胡安的旗舰被称为"国王号",船上悬挂着哈布斯堡王朝的双头鹰旗和基督教旗。与之交战的是奥斯曼帝国的阿里帕夏指挥的"苏丹娜号"。

尼格罗尼家族的战舰

尼格罗尼家族的战舰上悬挂着红白相间的马耳他十字旗,代表热那亚城邦。它正在与奥斯曼帝国的战舰激烈交锋。火绳枪兵在没有掩体的甲板上交火,而桨手则负责让战舰在近距离战斗中保持机动性。

勒班陀海战

1571年10月7日
勒班陀港,帕特雷湾,爱奥尼亚海

迈克尔·哈斯丘

阿里帕夏的舰队

奥斯曼帝国的旗舰"苏丹娜号"的总指挥是阿里帕夏,船上悬挂着一面带有三轮新月的旗帜,朝向唐·胡安指挥的"国王号"的右舷后方。它似乎正在和神圣同盟舰队的一艘小战舰作战。可以看到一名指挥官正在船尾指挥战斗,那也许就是阿里帕夏本人。

沉重打击

这幅画作完成于16世纪,作者不详。画中描绘了神圣同盟舰队的一艘威尼斯三桅划桨炮舰对奥斯曼帝国的一艘小型桨帆船发动猛烈炮击。停靠在勒班陀港的奥斯曼帝国海军包括70艘小型桨帆船,每艘船上配备了多达10门小口径大炮和16对桨手。

火烧战舰

一艘奥斯曼桨帆船正在熊熊燃烧,水手纷纷弃船而去。此时,穆拉特·雷斯的战舰正好在附近航行,船上悬挂着一面金白相间、中间印着一轮新月的战旗。穆拉特·雷斯出生于阿尔巴尼亚,是一名奥斯曼海军指挥官。他是否参加了勒班陀海战,尚不能确认。

基督教世界的叛徒

乌鲁奇·阿里是基督教世界的叛徒,图画前景中试图逃离战场的就是他的桨帆船。阿里对神圣同盟舰队的中路发起了进攻,俘获了许多桨帆船,屠杀了船上的所有人。不过,敌人的援军也很快赶到,乌鲁奇不得不撤退。

那个时代的"无畏舰"

这是一艘神圣同盟舰队的加莱赛战船(威尼斯城邦共提供了六艘这样的大型战舰),船帆被风吹得饱满鼓胀,船上悬挂着威尼斯的飞狮旗,向敌舰发起了猛烈进攻。这艘"巨无霸"比部署在勒班陀港的桨帆船重得多,能够提供强大的火力支持,但是它也需要靠风来稳定位置。

勒班陀海战的结束,标志着桨船时代拉下了帷幕,也宣告着奥斯曼帝国向地中海扩张的梦想破碎。1570年,奥斯曼帝国入侵威尼斯统治下的塞浦路斯。在攻占仅剩的孤城法马古斯塔后,奥斯曼人屠杀了城内的守军。苏丹塞利姆二世扬言要继续西进,进一步征服基督教世界。为了抵御奥斯曼人的进攻,教皇庇护五世联合欧洲基督教国家成立了神圣同盟。

奥斯曼帝国的舰队包括230艘桨帆船和70艘机动性更强的小型桨帆船,全部停泊在勒班陀港,随时准备西进。奥斯曼舰队的总指挥是穆安津札德·阿里帕夏。神圣同盟舰队在西西里岛的墨西拿港集结,共有206艘桨帆船以及6艘加莱赛战船,每艘加莱赛战船上都配有40多门火炮。神圣同盟舰队的总指挥是奥地利的唐·胡安,他当时才24岁,是西班牙国王费利佩二世的异母兄弟。威尼斯共和国提供了全部6

艘加莱赛战船和105艘桨帆船。西班牙帝国统治下的那不勒斯王国和西西里王国提供了49艘桨帆船，热那亚提供了27艘桨帆船。教宗国、托斯卡纳大公国、萨伏依公国和医院骑士团贡献较少。

9月中旬，神圣同盟舰队带着2.9万名士兵、4万名桨手和水手出发了。神圣同盟的士兵中包括优秀的西班牙步兵，他们擅长使用火绳枪。火绳枪是一种早期的火器，在接下来的战斗中将会大显神威。阿里帕夏率领的奥斯曼舰队有超过3.1万名士兵、5万名水手和桨手，其中很多是基督教奴隶。

两支舰队一碰面，双方指挥官就立刻下令交火。唐·胡安最初担心风会影响编队，但关键时刻风向发生了变化。神圣同盟舰队的布阵如下：左翼由威尼斯的阿葛斯提诺·巴巴里戈指挥；右翼由热那亚将领乔瓦尼·安德雷亚·多利亚指挥；中路则由唐·胡安亲自坐镇指挥，并由威尼斯的赛巴斯提阿诺·维涅尔和罗马的马尔坎托尼奥·科罗纳辅助；还有一支预备队，由圣克鲁斯岛的西班牙名将阿尔瓦罗·德·巴赞指挥。

面对奥斯曼帝国来势汹汹的桨帆船，神圣同盟舰队派出威尼斯加莱赛战船，用火炮沉重打击敌军。位于奥斯曼帝国舰队右翼的穆罕默德·西洛可率领小型桨帆船从巴巴里戈的舰队中间穿过。巴巴里戈立刻指挥舰队调转方向，将西洛可围堵在帕特雷湾的北岸。随即而来的是一场混战。两军战舰相互碰撞，双方用火绳枪互相射击，乱箭如骤雨般从天而降。巴巴里戈的舰队守住了防线，但他本人因一只眼睛被箭刺穿后阵亡，西洛可也在战斗中牺牲。

在战场中心，两军旗舰狭路相逢，西班牙步兵与苏丹亲兵陷入了鏖战。唐·胡安腿部负伤，阿里帕夏则被火绳枪射出的铅弹击穿头颅当场阵亡。指挥官一死，中路的奥斯曼人军心大乱。而在神圣同盟舰队的右翼，情况不容乐观。乌鲁奇·阿里率领奥斯曼帝国战舰偷袭乔瓦尼·安德雷亚·多利亚的舰队。关键时刻，神圣同盟的预备队及时赶到，阿尔瓦罗·德·巴赞率军遏制了敌人的侧翼，向多利亚施以援手。

至此，奥斯曼帝国舰队溃败，超过130艘奥斯曼战舰被俘、50艘被击沉、3万名士兵阵亡，只有乌鲁奇·阿里的舰队几乎没有损失。而神圣同盟一方只有7500人阵亡。

神圣同盟舰队

士兵 2.9 万
水手 4 万
大炮 1800 门
战舰 212 艘

来自奥地利的唐·胡安
总指挥

唐·胡安陆战经验丰富，勒班陀海战中展现出与他年龄不符的老成。

优势： 尽管神圣同盟内部矛盾重重，但唐·胡安还是成功统一了舰队。

劣势： 唐·胡安是一名经验丰富的指挥官，但他缺乏海战经验。

神圣同盟步兵
主力部队

在勒班陀海战中，神圣同盟舰队的步兵"大显神威"，尤其是唐·胡安旗舰上的西班牙火绳枪手。

优势： 神圣同盟舰队的步兵能够熟练使用火绳枪。

劣势： 由于甲板不稳定，神圣同盟舰队的步兵很容易遭受奥斯曼弓箭手的攻击。

火绳枪
主要武器

火绳枪是一种早期的前膛装填枪械。

优势： 火绳枪能够提供集中火力，打击距离较远的敌人。

劣势： 火绳枪操作烦琐，尤其是敌人在近距离时，显得格外笨重。

奥斯曼帝国舰队

士兵 3.1 万
水手 5 万
大炮 750 门
战舰 300 艘

阿里帕夏
指挥官

阿里帕夏在勒班陀海战中阵亡，他还弄丢了一面珍贵的旗帜——"哈里发大旗"。

优势： 阿里帕夏骁勇善战，充满自信，总能鼓舞士气。

劣势： 阿里帕夏鲁莽冲动，完全不会排兵布阵，在勒班陀海战中挫伤了士气。

苏丹亲兵
主力部队

苏丹亲兵是奥斯曼帝国最精锐的步兵。最开始是由苏丹的贴身侍卫和禁卫军组成的。

优势： 苏丹亲兵愿意为苏丹献出生命，是一支精锐的突击队。

劣势： 早期的苏丹亲兵是一流的弓箭手，但在敌人的炮火攻击下他们无力反抗。

奥斯曼弓箭
主要武器

尽管在勒班陀海战中，奥斯曼步兵携带的大都是火器，但弓箭手也非常重要。

优势： 坚固的复合弓可以实现快速火力打击。

劣势： 弓箭手无法造成火绳枪手的杀伤力，而且很容易受到炮火的攻击。

01 大战在即

1571年10月7日 太阳升起后,24岁的奥地利人唐·胡安率领神圣同盟舰队沿着希腊西海岸航行,向东往帕特雷湾驶去。不久之后,从勒班陀港驶出的奥斯曼帝国舰队出现在了他的视野中。在神圣同盟舰队的船上,牧师们主持了赦罪仪式,手持念珠祈祷。

02 战前布阵

来自奥地利的唐·胡安是神圣罗马帝国皇帝查理五世的私生子,也就是西班牙国王费利佩二世同父异母的弟弟。唐·胡安指挥全副武装的加莱赛战船全速前进,击退奥斯曼帝国的先锋舰队。此时,唐·胡安想起了教皇庇护五世的话:"狂妄的奥斯曼人被胜利冲昏了头脑,他们想要打败我们的舰队。但上帝会指引我们走向胜利。查理五世给予了你生命,而我将赐予你无上的荣耀和伟大。去吧,将奥斯曼人击退!"

03 东风不与奥军便

奥斯曼帝国的总指挥阿里帕夏将舰队排列成一个宽宽的新月形,但风向却转向了有利于神圣同盟舰队的方向。奥斯曼人不得不放下帆,命令桨手逆风前进,向敌人进攻。虽然奥斯曼帝国的桨帆船比神圣同盟的多,但阿里帕夏的武器装备明显落后。他的桨帆船配备的大炮不到800门,而神圣同盟的桨帆船配备的大炮有1800多门。

04 大战一触即发

到了正午时刻,双方舰队相互撞击。在战场中心,部署在神圣同盟主阵地前的威尼斯加莱赛战船用大炮击沉了至少两艘奥斯曼战舰。唐·胡安听取了乔瓦尼·安德雷亚·多利亚的建议,下令拆除了神圣同盟战舰上的所有船艏桅杆。这些桅杆原本是用来撞击敌舰的。拆除桅杆后,神圣同盟舰队降低了大炮的高度,向吃水线以下的敌方战舰开火。

10 桨帆船之绝唱

随着奥斯曼舰队兵败撤退,历史上最后一场以桨帆船为主的大型海战,同时也是历史上规模最大的一场海战就这样落下了帷幕。自此,海上战争进入了新时代——"风帆时代"。

09 "及时雨"巴赞

神圣同盟的预备队由西班牙名将阿尔瓦罗·德·巴赞指挥,包括35艘桨帆船。他成功抵挡住了乌鲁奇·阿里从侧翼向神圣同盟舰队中路发起的进攻,接着又增援多利亚,抵挡住了奥斯曼帝国的攻势。

路线
- 奥斯曼帝国舰队
- 神圣同盟舰队

08 殊死一搏的乌鲁奇·阿里

战斗进入白热化阶段,唐·胡安也被卷入。乔瓦尼·安德雷亚·多利亚努力与神圣同盟舰队的中路保持联系。乌鲁奇·阿里将敌军的防线撕开了一道口子,他决定从侧翼包围神圣同盟舰队中路,并消灭多利亚指挥的神圣同盟舰队右翼。

07 双方指挥官阵亡

听说奥斯曼指挥官穆罕默德·西洛可在战斗中阵亡了,威尼斯指挥官巴巴里戈鼓励士兵守住防线。但不久之后,巴巴里戈就被一支羽箭直接射进眼睛,当场阵亡。巴巴里戈的英勇牺牲鼓舞了威尼斯士兵,他们奋起反抗,粉碎了敌人的进攻。

06 巴巴里海盗对战威尼斯人

奥斯曼帝国的小型桨帆船速度占优,对阿葛斯提诺·巴巴里戈指挥的神圣同盟舰队的左翼来回发动突袭。穆罕默德·西洛可率领奥斯曼舰队撕开了防线。但巴巴里戈巧妙地化险为夷,反将许多奥斯曼桨帆船围堵在希腊的海岸线边,并在那里将它们尽数歼灭。

05 唐·胡安与阿里帕夏的较量

唐·胡安指挥的旗舰"国王号"和阿里帕夏指挥的旗舰"苏丹娜号"针锋相对,相互碰撞。西班牙步兵用火绳枪向奥军的苏丹亲兵倾泻致命的火力。西班牙士兵两次登上"苏丹娜号",但都在近身战斗中被击退。激战中,一颗由火绳枪射出的铅弹击中了阿里帕夏,他当场毙命。随后,他的头被敌人砍了下来,插在了长矛上。见到这一幕的奥斯曼人惊慌失措,四处逃窜。

苏丹女权时期

苏丹后宫是如何成为奥斯曼帝国的政治权力焦点的

杰姆·杜杜库

奥斯曼帝国始于13世纪末，亡于20世纪20年代，延续了600多年。时至今日，有些人的身上还流着奥斯曼人的血。奥斯曼帝国的盛世始于苏丹苏莱曼一世。在东方，他被誉为"立法者"，而在西方，人们尊称他为"大帝"。苏莱曼一世作为一个全盛帝国的掌权者，毫无疑问是16世纪欧洲最有权势的人。但有趣的是，正是在他的统治期间，苏丹女权时期开始了，他的后宫成了政治权力斗争的焦点。

"Harem"是一个土耳其词语，源自阿拉伯语中的"haram"，意思是"禁止的"或"神圣不可侵犯的"，指的是宫殿内的私人住所，专属于苏丹的女眷，包括他的母亲、妻子（只能有四位正妻）、女儿、其他女性亲属以及为了取悦苏丹的妃嫔。换言之，"Harem"就是苏丹的后宫。托普卡珀皇宫的后宫是最著名的例子。一般来说，托普卡珀皇宫的后宫住着几十名妇女。而在16和17世纪，最多同时住了300多名妇女。

奥斯曼帝国建立在严格的等级制度之上，苏丹则象征着至高无上的权力和地位。而后宫中也有森严的等级制度。作为苏丹的母亲，苏丹皇太后是后宫之首，拥有绝对的权力。在其之下的是苏丹的妻子。至于其他的嫔妃，那就要靠她们自己各显神

《罗克基拉娜与办来曼》，女乐·布尔小绘

▼ 苏莱曼一世迎娶罗克塞拉娜，打破了帝国的传统

通，在这个全是女人的世界争得一席之地了。在后宫中，地位低的人必须对地位高的人唯命是从，为奴为仆。

托普卡珀皇宫的后宫大得像一个迷宫，至今也只有很少一部分对公众开放。走在这些地方，脑海中会不禁浮现出这样的画面：有人正低声密谋着什么，而此时，铺着漂亮瓷砖的走廊上传来了脚步声……有一个房间里

▼ 许蕾姆苏丹公共浴场，位于伊斯坦布尔，由米玛·希南于1556年修建

有一口汩汩流淌的喷泉，喷泉的位置很有讲究，为的是让房间内的谈话不会被外面的人偷听到。后宫本应是一个充满生机的地方，小朋友在里面自由嬉戏。只是天真的小皇子们并不知道，在他们之中只有一个人能成为苏丹，兄弟之情到最后会演变成手足相残。在登基仪式上，新任苏丹会将其他继承人处死。因此，为了能让自己的儿子成为苏丹，每位母亲都使尽浑身解数，时刻都在算计和谋划。

苏莱曼一世是奥斯曼帝国立国两百多年以来首个正式结婚的苏丹（虽然他还有着众多嫔妃）。他的妻子被尊称为许蕾姆苏丹，但人们更喜欢称呼她为罗克塞拉娜。罗克塞拉娜出生在今天的乌克兰。据说，她是被鞑靼人俘虏并作为奴隶进贡给奥斯曼帝国的。她来到托普卡珀皇宫时，只有15岁左右。这个年轻女孩来到了一片陌生的土地，被陌生的语言、宗教和文化所包围。后宫中嫔妃众多，并不是每个女子都能有机会见到苏丹，更不用说引起苏丹的注意了，但罗克塞拉娜做到了。

罗克塞拉娜进入后宫之时，苏莱曼一世已经有了两位宠妃——居尔费姆和玛希德弗朗。但是罗克塞拉娜性格开朗，活泼可爱，一下子就把这位年轻的苏丹迷得神魂颠倒。后来，她成功上位，成了苏莱曼一世最爱的宠妃。根据奥斯曼帝国几百年来的传统，后宫的嫔妃只能生一个子女。但罗克塞拉娜打破了这一传统，为苏莱曼一世生了六个孩子。令整个帝国更为震惊的是，苏莱曼一世决定娶罗克塞拉娜为妻，此前，从未有一位奥斯曼苏丹结婚娶妻。1533年或1534年，苏莱曼为罗克塞拉娜举办了一场前所未有的盛大婚礼，并正式立她为皇后。可以说，罗克塞拉娜开创了一个先河，这也解释了为什么在接下来的130年里，女性能在奥斯曼宫廷中占据如此重要的地位。罗克塞拉娜拥有无与伦比的财富和影响力，就连同时代的英国女王

后宫不仅是一个"伊甸园"，也是苏丹的私人住所。这是他吃饭、睡觉、读书和制定国家政策的地方。

玛丽一世都略逊一筹。曾经只是一介女奴的她，如今能够影响欧洲和中东最庞大帝国的内政外交。换言之，罗克塞拉娜现在是苏丹之下，万人之上。

一个鲜为人知的事实是，很多妃嫔都没有在后宫度过一生。皇子一旦到了16岁左右，就会被派去统治帝国的某个地区，而母亲则会跟着儿子一起去，成为他值得信任的"盟友"。这样也避免了后宫成为那些年老色衰的妃嫔的养老院。但罗克塞拉娜再一次获得了特权，她获准留在了后宫，陪伴在她的丈夫和孩子身边。但同时，她也让自己身处各种阴谋旋涡的中心。

在苏莱曼一世统治的后期，玛希德弗朗的儿子穆斯塔法叛变。穆斯塔法比皇后罗克塞拉娜的几个儿子都年长，是最有可能在苏莱曼一世死后继任苏丹的皇子。也就是说，穆斯塔法是真正能直接威胁到罗克塞拉娜和她儿子的人。

在叛乱之前，穆斯塔法一直被认为是有治国之才的，他还给苏莱曼一世当过一段时间的大维齐尔（宰相）。穆斯塔法叛变一事并没有任何证据，都是传言。而传言的源头似乎指向罗克塞拉娜。

在奥斯曼帝国，皇子发动叛乱并不是什么新鲜事，或许是穆斯塔法已经迫不及待想成为苏丹了。但也有可能整件事都是罗克塞拉娜编造的，她想替儿子扫除障碍，助他顺利成为苏丹（这对她来说意味着一切）。如果是这样的话，那么她的目的达到了，苏莱曼一世下令处决了穆斯塔法。失去了儿子，玛希德弗朗也就失去了地位，正式宣告她在这场权力斗争中出局了。虽然不难相信是罗克塞拉娜一手策划了穆斯塔法的倒台，但这也有可能是她的敌人（罗克塞拉娜有很多敌人）散布的谣言。不过，此事最大的受益者恐怕还是罗克塞拉娜。也有传言称，罗克塞拉娜还与其他一些重要人物的倒台有关。但相比之下，这些指控就更像是无中生有了。1558年，罗克塞拉娜去世。她的陵墓位于伊斯坦布尔，与苏莱曼一世的陵墓相邻。

把时间快进差不多50年，我们将迎来奥斯曼帝国另一位著名的女性——柯塞姆苏丹。在她的统治下，苏丹女权时期进入"权力的游戏"章节。

1603年，艾哈迈德一世登基成为苏丹。年仅13岁的他打破了奥斯曼帝国的一大传统——他没有勒死他的弟弟。按照惯例，每一位登上苏丹宝座的"胜利者"，都会逐一处死可能对自己的权力造成威胁的兄弟。艾哈迈德11岁的弟弟穆斯塔法被藏了起来，换言之，被"软禁"在了豪华舒适的皇宫中。由于艾哈迈德年龄尚小，还没有子嗣，一旦出现什么变故，有一个"备胎"还是很重要的，免得皇位后继无人。不过，他的这一决定被写入了法律，"弑亲法"被废除了。自那以后，新苏丹登基时，就不会再有小棺材从托普卡珀皇宫中被抬出了。

对于一位如此年轻的苏丹来说，艾哈迈德手头上有很多事情要做。他分别在西部和东部发动了一场战争，但权力平衡没有发生重大变化。艾哈迈德知道延续皇室血统的重要性,当他到了适当的年龄,他在后宫遇到了一个女孩。这个女孩名叫柯塞姆,只比他大一点,而今她更广为人知的名字是柯塞姆苏丹。柯塞姆在正确的时间进入了后宫。艾哈迈德的母亲和祖母都是权势滔天的女性,她们是绝对不会和新来的女孩"分享"艾哈迈德的。而在艾哈迈德统治的早期,她们就相继去世了。对于柯塞姆来说,她已经引起了苏丹的注意,现在她需要想方设法抓住他的心。

柯塞姆在后宫中可谓顺风顺水。那年,柯塞姆诞下了一位皇子(这位皇子后来成了苏丹)。同年,艾哈迈德的另一位配偶玛菲露兹·哈蒂斯被太监殴打。从中也可以

▲ 苏莱曼一世是奥斯曼帝国在位时间最长的苏丹

炽热的情书

苏莱曼一世为罗克塞拉娜写的几首情诗有幸保留至今。以下为最著名的一首:

我的寂寞壁龛的宝座,我的财富,我的爱恋,我的月光。

我最真挚的朋友,我的红颜知己,我活着的理由,我的苏丹。弱水三千,只取你一瓢饮。

美中至美……

我的春天,我面带喜色的爱情,我的白昼,我的甜心,带着笑意的树叶……

我的绿树,我的甜心,我的玫瑰,世界上唯一不会让我痛苦的人……

我的伊斯坦布尔,我的卡拉芒,我的安纳托利亚的土地。

我的巴达赫尚,我的巴格达,我的呼罗珊。

我的挚爱的亮丽秀发,我的挚爱的弯弯月眉,我的挚爱的充满顽皮的双眸……

我将永远为你高唱赞歌。

我,心灵饱受折磨的爱人,眼中充盈着泪水的穆希比,我很快乐。

> 唯一能进入后宫的成年男性就是苏丹本人。后宫中的侍卫都是黑人太监,他们身居要职,权高位重。这样是为了确保后宫女人所生孩子的生父都是苏丹。

看出,柯塞姆苏丹在后宫中拥有至高无上的地位。柯塞姆的丈夫是苏丹,两个儿子也是苏丹,甚至她的孙子成为苏丹后,她还在垂帘听政,维持自己的影响力。

1617年,艾哈迈德一世不幸得了斑疹伤寒,最终死于内出血,终年27岁。虽然艾哈迈德留下了子嗣,但他的儿子年纪尚轻。如果让一个乳臭未干的小子担任一个庞大帝国的统治者,朝臣担心敌人会蠢蠢欲动。对奥斯曼帝国来说,这是一个关键时刻。

此时轮到穆斯塔法登场了。穆斯塔法就是那个在艾哈迈德登上苏丹宝座后被藏起来的弟弟。据说,穆斯塔法可能天生就在智力上有缺陷,而长期被软禁在"卡费斯"中只会让他的情况雪上加霜。

所谓的"卡费斯"就是后宫里一组没有窗户的房间。所有有资格

◀ 米赫丽玛苏丹是苏莱曼一世与罗克塞拉娜之女,是苏丹女权时期的杰出女性

继承皇位的男性都会在"卡费斯"度过年少的时光。

对于给穆斯塔法佩戴奥斯曼之剑（佩戴奥斯曼之剑就等同于苏丹加冕仪式），朝中很多大臣都不同意。但没办法，他们的选项只有一个乳臭未干的小子和一个"疯子"，朝臣最终还是选择了后者。而事实证明，这并不是一个明智的选择。穆斯塔法被后世称为"疯帝"。

穆斯塔法一世在位仅三个月。有人看到他出现在皇家兵工厂，公开露面了几次，向人群挥了挥手，然后就被粗鲁地送回了自己的宫殿。朝中正酝酿着一个大阴谋，许多人都更希望艾哈迈德的大儿子奥斯曼成为苏丹。最终，这个14岁的孩子佩上了奥斯曼之剑，成为奥斯曼二世。

奥斯曼二世登基之时，帝国内部有太多既得利益集团，他其实根本没有机会。他虽是一国之君，但没有实权，说到底只是一个被反穆斯塔法集团控制的傀儡。他就像一个被饥饿的狼群包围的少年，在朝中完全没有自己的权力基础。甚至连时刻警惕政治阴谋的苏丹亲兵都开始密谋造反。而与此同时，后宫中的柯塞姆苏丹也想推翻奥斯曼二世。奥斯曼二世不是她的儿子。如果他最终成功建立了自己的权力基础，甚至如果他结婚并有了自己的苏丹皇后（这对柯塞姆来说更为糟糕），柯塞姆的影响力就会烟消云散。

奥斯曼二世从小便展现出卓越的军事才能，上位后，他用了四年的时间试图粉碎朝中的阴谋。但他还是被摆了一道。苏

▲ 穆拉德四世即位后，柯塞姆苏丹成了苏丹皇太后

丹亲兵发动政变，拘禁了奥斯曼二世，随后把他勒死。奥斯曼二世被杀害后，"疯帝"穆斯塔法被拥立复位。

得知自己即将复位的消息，穆斯塔法并没有表现出该有的兴奋。当各大势力接连向他传达他侄子的死讯时，穆斯塔法把策划这场阴谋的人一个个记在了心中，随后下令处死了这份"死亡名单"上的所有人，包括大维齐尔和苏丹亲兵的首领。后来，有人看到穆斯塔法在宫中的走廊上四处游荡，他大声呼喊着让奥斯曼出来，帮他卸下作为苏丹的重担。

处死杀害奥斯曼二世的凶手或许是穆斯塔法复位期间唯一一件自己决定的事。说到底，他只是他母亲哈莉玛苏丹的傀儡。而在后宫中，哈莉玛苏丹正与柯塞姆苏丹争权，胜利的一方将会成为后宫之主。

最终，在这场后宫之争中，柯塞姆苏丹成了最后的赢家，暂时结束了帝国的动乱。穆斯塔法终于如愿退位，回到他以前的宫殿中度过余生。柯塞姆苏丹的儿子穆拉德四世成为苏丹，年仅11岁，是奥斯曼帝国迄今为止最年轻的苏丹。

▲ 穆拉德四世于1623年至1640年统治奥斯曼帝国

日后,穆拉德四世将成为奥斯曼帝国历史上最"极端"的代表人物之一。而目前,柯塞姆苏丹作为摄政王,仍是帝国真正的掌权者。但她非常清楚,等到穆拉德四世长大以后,历史将会重演,儿媳妇将会取代婆婆。她儿子穆拉德四世的妻子将会从她手中夺走权力,就像当初她从她婆婆手中夺走权力一样。

柯塞姆苏丹想出了一个"天衣无缝"的计划——虽说这一切都只是猜测,但她常常将一群相貌俊俏的年轻男子带到穆拉德四世面前供他观赏。在她的影响下,穆拉德甚至是打心底里讨厌女人。有一次,他命令自己船上的贴身侍卫袭击在岸边洗衣服的女工。如果真要说这些女工犯了什么罪,那也只有唱歌了。还有一次,他命令所有的妃嫔都到游泳池里踩水,而他拿着弹弓打那些想要逃跑的人,有的人甚至就这样淹死了。

1640年,穆拉德四世死于肝硬化,年仅27岁。他为帝国稳定所做的一切努力都付诸东流了。穆拉德四世的前任苏丹是一个"疯子",而在他死后,苏丹宝座又落入了另一个疯子手中。易卜拉欣一世也是柯塞姆苏丹的儿子,是穆拉德四世的弟弟。他的前半生都在"卡费斯"中度过,在这样长时间的软禁之下,换谁都可能会疯。但不管疯没疯,易卜拉欣都是苏丹的第一顺位继承人。因为对于奥斯曼人来说,他们一定要保证帝国的掌权者是开国皇帝奥斯曼一世的后代。但易卜拉欣始终不相信自己的加冕仪式是真的,他觉得这是他哥哥精心设计的一个阴谋,所以始终不愿意佩戴奥斯曼之剑和腰带。直到亲眼见到穆拉德四世的尸体,易卜拉欣才相信自己成了苏丹。

柯塞姆现在有些不知所措了。虽然对她来说,维护自己的权力一直都比维持帝国的稳定与繁荣更为重要,但一个赤裸裸的事实是,现在帝国的合法继承人已经所剩无几了。虽然柯塞姆也很不想输给一个年轻女性,但她必须确保易卜拉欣留有子嗣。易卜拉欣生了三个儿子,而这三个儿子最后都成了苏丹,这是从未有过的。

1647年,柯塞姆和大维齐尔开始密谋推翻易卜拉欣的统治。但天公不作美,易卜拉欣提前收到了消息,迅速将这个阴谋扼杀在了摇篮中。大维齐尔被处死,柯塞

▲ 据说，柯塞姆苏丹是被人用她自己的头发勒死的

姆被逐出了首都。但易卜拉欣没有想到，这只是延缓了政变的到来。苏丹亲兵再次举起了反抗的大旗，而这一次，他们得到了老百姓的广泛支持。老百姓已经忍无可忍了：苏丹过着奢靡无度的生活，而他们只能眼睁睁地看着食物和其他商品的价格一路飙升。

由于帝国的高层再度陷入混乱，柯塞姆又被请回共商国是。现在看来，易卜拉欣的统治已经无以为继了。在这场起义演变成革命甚至是内战之前，他们要选出一个新的继承人。新任大维齐尔和柯塞姆商议后决定，最好的办法就是将易卜拉欣处死，扶持他6岁的儿子穆罕默德成为新苏丹。

穆罕默德四世上台，也标志着柯塞姆的权力彻底没落。柯塞姆与穆罕默德四世没有血缘关系，穆罕默德四世的母亲图尔汗苏丹担心这个诡计多端的女人很可能会对这位年幼的苏丹下手。于是，柯塞姆在1651年被处死了（虽然没有证据，但所有人都认为这是图尔汗的命令）。据说，柯塞姆是被自己的头发勒死的。处死柯塞姆是一招险棋。柯塞姆的死，标志着女性利用自己的影响力掌权后宫、干涉朝政的时代已经结束，给长达百余年的苏丹女权时期画上了句号。

> 在帝国最鼎盛时期，后宫中有超过300位嫔妃。尽管这些嫔妃本质上都是奴隶，但她们也是有俸禄的，而且一般在后宫中待满9年，就可以离开后宫。许多嫔妃出宫后都嫁给了奥斯曼帝国的皇室贵族。

后宫

后宫是苏丹家族的女性成员居住的地方,包括苏丹的正妻、嫔妃、母亲以及孩子。在后宫的高墙之内,有超过300个房间及其他各种建筑。16世纪,苏丹穆拉德三世搬进了后宫。他觉得后宫更安全,同时也希望有更多时间与家人相处。

正义之塔

正义之塔是托普卡珀皇宫最高的建筑,方圆几公里内都能看到。站在上面,你可以俯瞰博斯普鲁斯海峡。1665年,一场大火烧毁了穆罕默德二世统治期间修建的绝大部分建筑。在此之后才修建了正义之塔,所以它看起来比较新。正义之塔紧挨着"底万"("底万"是奥斯曼帝国的议会举行会议的地方)。透过一扇窗户,苏丹坐在正义之塔就能听到"底万"的会议内容。

底万

底万是帝国议会召开的地方,每个星期举行四次会议。整座建筑由高贵华丽的白色大理石建成,以绿植和金色装饰物为点缀。底万毫无疑问是整个托普卡帕皇宫最重要的地方之一。在某些特定的日子,维齐尔可以在会议结束后向大维齐尔递交请愿书。大维齐尔是苏丹之下的最高大臣。

外宝库

这栋红砖建筑就是外宝库,现在这里变成了一座武器博物馆,收藏着阿拔斯王朝和倭马亚王朝的刀剑以及奥斯曼帝国各种类型的武器。以前,这里曾经是奥斯曼帝国的国库,里面有数不尽的金银财宝。苏丹亲兵的军饷以及向圣城麦加和麦地那输送的资金都从其中支取。

阿加斯清真寺

阿加斯清真寺建于穆罕默德二世统治时期,是托普卡帕皇宫中最古老的清真寺。它位于第三庭院的对角线上,遥对圣城麦加。阿加斯清真寺只对上层人士开放,只有苏丹、白人宦官和内廷学校的学生才能入内。目前,阿加斯清真寺还收藏着之前收藏在艾哈迈德三世图书馆的各类手稿。

崇敬之门

崇敬之门如今是托普卡珀皇宫博物馆的主入口,在穆罕默德二世下令修建的托普卡珀皇宫中也是一大特色。其两侧的标志性炮塔是16世纪苏莱曼大帝下令修建的。崇敬之门将第一庭院(基本上所有人都可以自由进出)与托普卡珀皇宫的主体建筑隔开。在铁门上方刻有《古兰经》的铭文:"万物非主,唯有真主。穆罕默德,主之使者。"

吉兆之门

吉兆之门是内廷的主入口,在结束一天的辛苦工作后,苏丹会回到内廷休息。吉兆之门还用于举行特别庆典,文武百官在此向苏丹宣誓效忠。在苏丹的登基大典上,奥斯曼帝国的宝座会放在吉兆之门前。当帝国内有不满情绪在酝酿,宝座也会放在门前,而苏丹会在第二庭院接见忠诚的苏丹亲兵。

托普卡珀皇宫

土耳其伊斯坦布尔

亭楼

在第四庭院,你会见到各式各样的亭楼,建筑风格各不相同。有的是为了纪念重大战役胜利而建的,如埃里温亭楼和巴格达亭楼,也有的是为了取悦苏丹而建的。最新的一座亭楼叫梅迪奇耶亭,建于1859年。它的建筑师也是多尔玛巴赫切宫的建筑师。

艾哈迈德三世图书馆

这座图书馆建于18世纪初,由爱好读书的苏丹艾哈迈德三世下令修建。馆内主要收藏来自奥斯曼帝国各地的著作,包括希腊和斯拉夫手稿。奥斯曼宫廷的成员可以自由出入图书馆,但不能从书架上取走书籍,否则会受到严厉的惩罚。

觐见大殿

苏丹将在觐见大殿接见伊斯兰学者、外国大使、国家官员等重要来客。如果苏丹没有参加御前会议,他将在觐见大殿听大臣报告会议的决议,以这样的方式监督国家的治理。觐见大殿的内部装饰得金碧辉煌,体现了奥斯曼帝国的强大。凡是踏进觐见大殿的人,都无不对其印象深刻。

在近400年的历史中,托普卡珀皇宫作为伊斯坦布尔的标志性建筑,重要性与日俱增。最终,它发展成一座城中之城,千千万万人在其中安居乐业。但托普卡珀皇宫绝不仅仅是苏丹豪华的府邸,它可以说是整个奥斯曼帝国的心脏。它是戒备森严的行政中心、朝廷和皇室娱乐场所。

托普卡珀皇宫依山而建,立于山巅,从这里可以俯瞰博斯普鲁斯海峡、金角湾和马尔马拉海。这个位置具有重要战略意义,早在拜占庭帝国时期,君士坦丁堡的卫城就建于此处。1453年,奥斯曼人征服了这座城市,摧毁了大部分建筑。虽然整座城市已是满目疮痍,但穆罕默德二世看到了这里的潜力。

他根据自己的独特构想下令设计建造了托普卡珀皇宫。整座宫殿有四个庭院,每个庭院的功能都各不相同。不过,穆罕默德二世于1481年就去世了,只在托普卡珀皇宫住了三年。此后,多位苏丹对托普卡珀皇宫进行了修缮改建,皇宫内的建筑由此呈现出千姿百态的风格。

所有奥斯曼帝国的公民,只要不携带武器都可以进入第一庭院。在这一区域,贸易往来兴旺发达。第二庭院是国家行政部门的门户。第三庭院和第四庭院最为隐秘,是苏丹的私人宫殿。在这里面,你可以看到清真寺、政府办公大楼、图书馆、生活场所,以及数不清的盔甲、武器、珠宝和陶器。

数百年来,托普卡珀皇宫一直都是熙熙攘攘,人来人往,堪称伊斯坦布尔的心脏。但随着奥斯曼帝国不断发展壮大,托普卡珀皇宫无法容纳那么多人口了。1856年,苏丹阿卜杜勒-迈吉德一世将皇宫和政府迁至新落成的多尔玛巴赫切宫,托普卡珀皇宫的作用日渐削弱。奥斯曼帝国灭亡后,托普卡珀皇宫变成了博物馆,每年接待游客超过300万人次,焕发出新的生机。

▲ 托普卡珀皇宫最初由苏丹穆罕默德二世于1460年前后下令建造

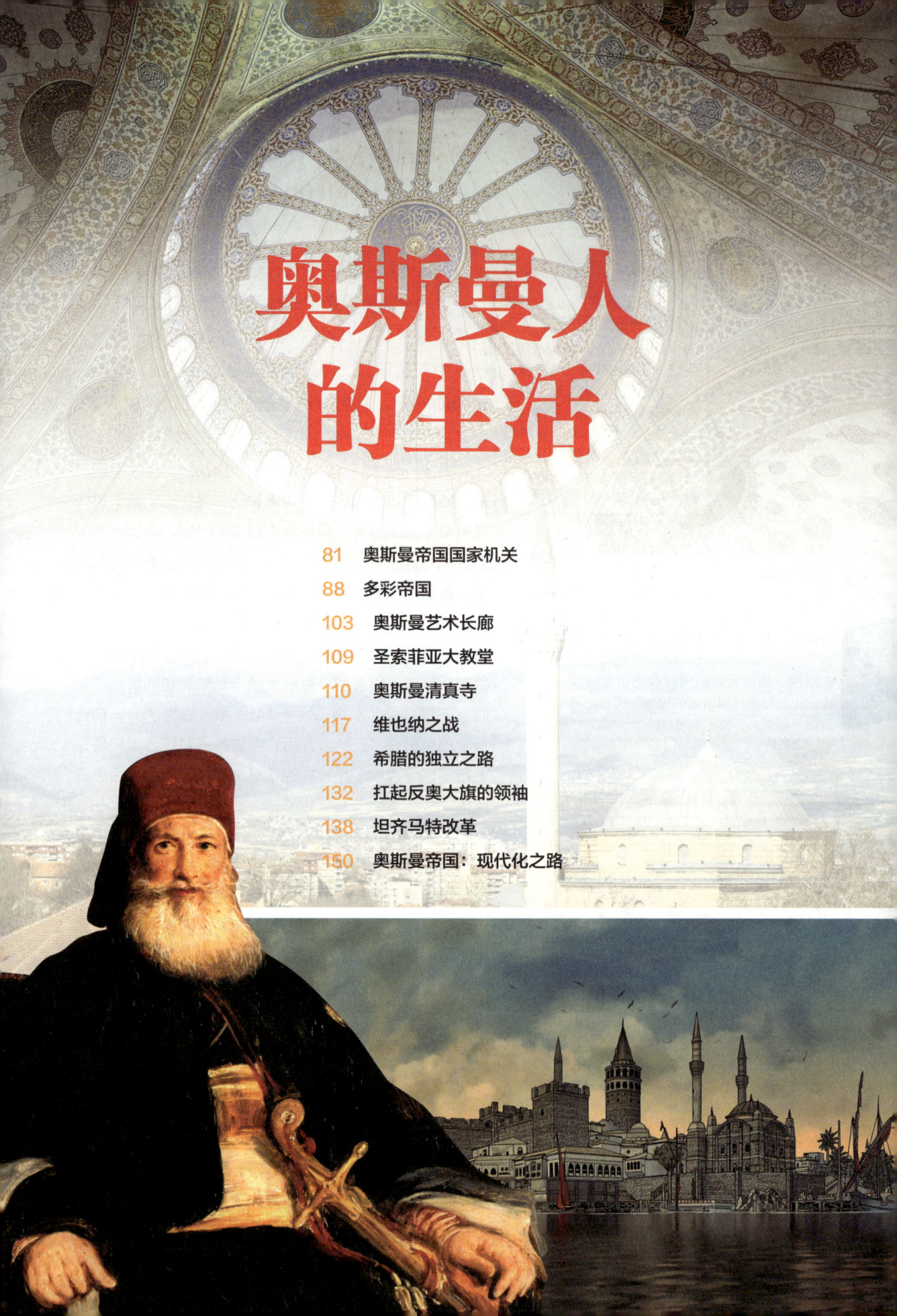

奥斯曼人的生活

- 81　奥斯曼帝国国家机关
- 88　多彩帝国
- 103　奥斯曼艺术长廊
- 109　圣索菲亚大教堂
- 110　奥斯曼清真寺
- 117　维也纳之战
- 122　希腊的独立之路
- 132　扛起反奥大旗的领袖
- 138　坦齐马特改革
- 150　奥斯曼帝国：现代化之路

奥斯曼帝国国家机关

奥斯曼人是如何统治一个数百万人口的帝国，
又是如何在根深蒂固的分歧中维持和平的

马尔旺·卡莫尔

1300年，安纳托利亚地区战事频发。罗姆苏丹国被消灭后，许多贝伊宣布独立，在安纳托利亚割据一方。在安纳托利亚西北部的一小块地盘，毗邻日渐衰落的拜占庭帝国，奥斯曼侯国兴起。苏莱曼沙阿（奥斯曼一世祖父）来到安纳托利亚时，手下大概只有五千人。但奥斯曼人战胜了所有对手，不断扩张领土，最终为一个延续了数百年的帝国打下了坚实的基础。从罗姆苏丹国的灭亡和他们自己在安纳托利亚动荡的经历中，奥斯曼人学到了治国之道，建立了国家机关。随着时间的推移，他们对其不断调整、发展、进化以适应时代需求。这种与时俱进的特征赋予了奥斯曼帝国强大的生命力。

奥斯曼人通常不对地方政府的原有结构进行调整，只确保所有的侯国都效忠于苏丹，逐渐形成了一种以"行省"（Eyalet）为一级行政单位的联邦行政体系。"行省"再进一步分为"桑贾克"和由苏丹直接任命的"穆塔萨勒夫领"。三级行政单位为"卡扎"或"卡迪卢克"，四级行政单位为"纳西耶"，再进一步细分为自治市。

举个例子。1516年，奥斯曼人在阿勒颇附近的达比克草原击败了马穆鲁克苏丹国，并于1517年将其彻底消灭。马穆鲁克苏丹国在近东和埃及的领土被奥斯曼帝国接管，这些原来的"侯国"经过整合后成为奥斯曼帝国的行省，原先效忠于马穆鲁

▲ 苏丹艾哈迈德三世接见外国使臣

> **苏丹可以在不露面的情况下监督会议，仔细观察并倾听。**

克苏丹国的首领成为奥斯曼帝国的"贝勒贝伊"。切尔克斯人詹比尔迪·加萨里后来成为大马士革的第一任总督。

但这种权力结构有时是一把双刃剑。像北非的行省以及克里米亚汗国，它们虽然都是自治的，但仍是奥斯曼帝国的附庸国。而巴巴里诸国虽然名义上受奥斯曼帝国控制，但常常我行我素，经常袭击地中海和大西洋的欧洲船只。拿破仑从埃及撤军后，穆罕默德·阿里帕夏成为埃及的统治者，最终举起了反抗苏丹的大旗，并占领了黎凡特。尽管有时某些地区会发生叛乱，但这种权力结构一方面维持了奥斯曼帝国的统治地位，另一方面让其有更多的喘息空间来消化损失和作出让步。

奥斯曼帝国不断扩张，不仅行政结构需要多样化，法律结构也需要多样化。随着越来越多的非穆斯林成为帝国的臣民，米利特制度应运而生。在这种制度下，不论是犹太教、基督教还是伊斯兰教，每个米利特都根据自己的教派法律进行管理。

不过，奥斯曼帝国的所有权力最终都

▲ 19世纪的大维齐尔、苏丹、护卫、苏丹皇后（首席配偶）以及后宫嫔妃

集中于苏丹，通过皇室向外辐射，然后是"底万"（帝国议会），再到下级机构。

奥斯曼帝国国家机关由苏丹本人、后宫和恩德伦学校（宫廷学校）组成。在大维齐尔（其职能类似现代的首相）的主持下，大臣们在"底万"讨论政治，他们主要是起到咨询顾问的作用，苏丹和大维齐尔拥有最终决定权。不过，在大臣们讨论的时候，苏丹也可以对他们进行监督。说得更直白一点，就是"监视"。苏丹在不露面的情况下，可以通过议会大厅墙上的金框窗户仔细观察他们并听取会议内容。大维齐尔的权力仅次于苏丹，直接向苏丹报告。反过来，苏丹也可以通过白人太监总管向议会传达自己的想法。最终，所有决定都是以苏丹的名义作出的。但由于相关记录极少，所以具体有多少决定是在苏丹同意或不同意的情况下作出的无从考证。

维齐尔是奥斯曼帝国社会流动性高的最佳体现。他们的职业生涯往往始于军队，在苏丹和贵族的提携下逐步晋升。大多数人是非土耳其血统，一开始都是苏丹亲兵中的雇佣兵或奴隶兵。大维齐尔中仅阿尔巴尼亚人就有30人，就像索库鲁·穆罕默德帕夏，在三位苏丹的统治时期担任了14年的大维齐尔，他们甚至可以成为最有权势的人。

维齐尔的职责各不相同，他们是地方

手足相残
手足之争的极端解决方案

大家小的时候肯定都和自己的兄弟姐妹争过玩具。但试想一下,要是把玩具换成一个帝国的土地和财富呢?巴耶济德一世死后,奥斯曼帝国出现了一段政权"真空期"。为了争夺苏丹宝座,巴耶济德的八个儿子中至少有五个陷入了内斗。当时,诸子争位,割据一方,导致奥斯曼帝国四分五裂。最后,穆罕默德一世赢得胜利,成为苏丹。他发誓再也不允许这样的事情发生。

在穆罕默德一世登基后的约150年里,只有被选定的继承人才能活下来。其余的皇子会被邀请参加晚宴,然后被人用丝绸手帕悄悄勒死。很多皇子就是这样被杀死的。1603年,年仅13岁的艾哈迈德一世即位,由于他还没有生育能力,无法诞下继承人,于是,在苏丹女权时期,历代苏丹杀光兄弟的惯例被打破了。

艾哈迈德一世死后,这一决定经受了考验,继位的是"疯帝"穆斯塔法一世。穆斯塔法后来被废黜,由他的侄儿奥斯曼二世继位。奥斯曼二世躲过了被丝绸手帕勒死的命运,却没躲过其他酷刑(尽管他也有可能是被勒死的)。奥斯曼二世死后,穆斯塔法再次成为苏丹。后来,他又再次被废黜。好在有他母亲哈莉玛苏丹出面干涉,穆斯塔法逃过一死。不得不说,在弑亲法生效期间,许多有机会继承苏丹宝座的奥斯曼皇子都经历了一场世界上最糟糕的晚餐。

▲ 绞刑是奥斯曼帝国最常见的处决方式

官员帕夏和阿迦与议会之间的桥梁。侍卫首领帕夏,直译过来就是"首席园丁",也是首席刽子手,负责为帝国"斩草除根"。

恩德伦学校将学生分为两类,一类学习官僚管理,另一类接受军事训练。前者为政府服务,后者加入苏丹亲兵。上层人士在宫廷学校接受教育后,可以成为科学家、教师或行政人员,最终受维齐尔监督。如果有人展现出了过人的天赋和智慧,也有机会向上层社会流动。

不过,这种社会流动性有时会影响忠诚度。在奥斯曼帝国末期,青年土耳其党人革命(一场政治改革运动)将这种猜疑指向了所有非土耳其人。16世纪,神圣罗马帝国驻奥斯曼帝国的佛兰德大使奥吉尔·吉斯林·德·布斯贝克在他的《土耳其书信》中对奥斯曼帝国的两位维齐尔进行了对比:

"……阿里帕夏和鲁斯坦帕夏形成了鲜明的对比。在阿里帕夏的职业生涯中,他在金钱问题上的诚信高于一切……他毫不担心自己的礼貌或善良会损害与苏丹的关系。但鲁斯坦帕夏恰恰相反,他总是抓住……永远把自身利益和金钱放在第一位考虑……"

最后,在地方层面上,普通民众可以直接与帕夏和卡迪进行交流。这样一来,法律就在地方一级得到了执行,公平正义得到了实现。同时,帕夏和卡迪也能作为中央的代表。对了,还有征税员。

建立一个帝国可以靠南征北战实现,但维持其日常运作还是要靠真金白银。奥斯曼帝国位于丝绸之路的西端、欧亚大陆和非洲的交汇处,控制着地中海的大部分地区。得益于得天独厚的地理位置,奥斯曼人大力发展贸易,并在帝国各地征收税赋。

所有土地和房产都登记在"税务登记簿"(源自阿拉伯语,意为"笔记本"或"登记处")上。税务登记簿中不仅记录了财产,还记录了家庭、村庄以及按宗教划分(有时是按人种划分)的人口。在19世纪坦齐马特改革后奥斯曼帝国开展第一次人口普查之前,税务登记簿是现代历史学家进行系谱学或微型社会学研究的唯一可靠来源。

与行政区划一样,奥斯曼人在建立自己的税收体系时也是"东拼西凑",借鉴了其他地区的税收制度。不过,在奥斯曼帝国早期,根据"蒂马尔制",新征服的土地往往是作为战利品分配给士兵的。苏丹根据服役期限给士兵分配土地以代替军饷,这样一来就减轻了国库的压力。为了估算一块新土地价值,会由土地勘测员对其潜在价值进行估量。在这种半封建制度下,土地所有者有权向农民征税和执法。但到了17世纪,蒂马尔制度逐渐被抛弃。

在一些地区,如美索不达米亚,一定比例的农业产值需要交税。除了吉兹亚(一种人头税)之外,非穆斯林米利特也会根据宗教法律甚至已有的税收制度(如塞尔维亚)征税。

一般来说,穆斯林需依法缴纳天课,在战争期间还需要缴纳额外的税款。某些商品,如盐和酒,都需单独征税。然而,有些时候税收负担可能会很重,当地的地主也会征税,但俗话说得好:"上有政策,下有对策。"通常情况下,会根据每个米利特的经济实力实行阶梯式征税。而瓦合甫(一种信托基金)是免税的。所以有些人将其作为避税的手段,甚至借机掌握大量的政治权力,发展自己的社会服务。

奥斯曼帝国的政府改革真正开始于郁金香时期。郁金香时期之名源自17世纪初奥斯曼宫廷对郁金香的热潮。郁金香热潮开启了奥斯曼帝国与启蒙运动后的欧洲的长期贸易往来。大维齐尔达马德·易卜拉欣帕夏向欧洲派遣了外交使团和考察团,并让他们回来报告情况。同一时期,奥斯曼帝国兴起了消费主义热潮,见证了蓬勃发展的艺术以及堕落的精英阶层。西方风格的商品成为精英阶层炫耀的资本,而考察回来的使团也建议推动西式的改革,特

▲ 苏丹亲兵晋升很快,但也会叛乱

别是在军事方面要向西方学习。

奥斯曼帝国的第一台印刷机也从侧面证明奥斯曼人对外来文化的态度发生了微妙的变化。在古登堡将印刷术引入欧洲之前，在近东地区，至少早在法蒂玛王朝就已经有了印刷术的想法，但从未用于传播信息，未能起到变革性作用。而且在15世纪巴耶济德二世时期，印刷术基本上被禁止使用。到了郁金香时期，奥斯曼人对印刷术的态度开始转变。1729年，匈牙利人易卜拉欣·穆特费里卡创办了奥斯曼第一家活字印刷厂。此后，很多书籍从阿拉伯语和波斯语被翻译成土耳其语。而随着图书馆开始向公众开放，伊斯坦布尔有了第一支消防队，在微观层面上，伊斯坦布尔普通老百姓的生活水平似乎有所提高。

但帝国内部的矛盾也随之浮现。伊斯坦布尔的社交生活变得奢靡起来，而由于效率低下的税收制度和臃肿且自私的军队，苏丹的权力被日渐削弱。在离伊斯坦布尔越远的行省，中央的影响力就越弱。

1730年，一位名为帕特罗纳·哈利尔的苏丹亲兵发动起义，导致郁金香时期终结。而苏丹亲兵也进入了死亡倒计时。18世纪末，奥斯曼帝国在对俄战争中溃败。塞利姆三世开始大刀阔斧的改革，其中最重要的就是称为"新秩序"的革新，他引入了欧洲的训练方式，培养了一支新的军队。苏丹亲兵再次发动起义将塞利姆三世废黜，但这只是权宜之计。1826年，丧钟正式敲响，苏丹亲兵被废除。

1839年，《花厅御诏》颁布，宣布权利平等地适用于所有臣民，奥斯曼帝国进入坦齐马特时期。奥斯曼帝国有个光荣传统，那就是一切事物都可以用花来命名。居尔哈内（Gülhane）意为"玫瑰之家"，用来暗示包税制的取消。这一系列改革举措将赋予奥斯曼公民更多自由和权利，还让奥斯曼帝国转型为一个君主立宪制国家。原来的帝国变成了一个君主立宪制国家，开设国务委员会和议会。但那都是后话了。

奥斯曼帝国能够适应时代变化并不断发展进化，但就像温水煮青蛙一样，它最终还是被自身的内部问题压垮了。

多彩帝国

尽管如今"奥斯曼人"和"土耳其人"这两个词大多可以互换，但奥斯曼帝国不仅仅是土耳其人的国家，还是一个文化大熔炉

马尔旺·卡莫尔

从现代民族主义的角度出发，人们很容易这样去想象奥斯曼帝国：这是一个多民族的国家，土耳其人则是高高在上的统治者。但事实并非如此。即使是在奥斯曼帝国的上层社会，甚至在奥斯曼皇室中，人口结构也是多元的。

奥斯曼帝国之所以能维持各民族之间的和谐，是因为它愿意下放权力，给予各个社区一定的自治权。随着帝国不断扩张，越来越多的非穆斯林融入，奥斯曼帝国内出现了越来越多的非穆斯林少数民族。

这些非穆斯林少数民族被称为"齐米"，即伊斯兰教称"被保护民"的术语，他们需缴纳"吉兹亚"税。伊斯兰教法规定，"有经者"，包括基督徒、犹太人、曼达安人、琐罗亚斯德教徒等，都不需要服兵役，但要缴纳"吉兹亚"税。另外，在奥斯曼帝国，他们还需要缴纳酒税。不过，这一制度有时候会导致"包税"。

虽然非穆斯林宗教团体需要额外交税，但作为交换，米利特制度允许它们行使一定的自治权。

在米利特制度下，各个宗教团体的统治都是基于各自的宗教法。如东正教法适用于东正教徒，拉比犹太教法适用于犹太人，而伊斯兰教法则适用于穆斯林。

米利特制度只看你信仰什么宗教，而不管你来自哪里、出身如何。所以就可能出现这样的情况：在某个米利特中，有某些群体占据统治地位，并表现出极强的排外性。打个比方，所有的东正教会基督徒（其中有希腊人、塞尔维亚人、阿尔巴尼亚

▲ 一张1912年的明信片，上面画的是阿卜杜勒-哈米德二世统治时期的太监总管

▲ 托普卡帕皇宫后宫中的王座厅

人、保加利亚人、弗拉赫人、格鲁吉亚人、阿拉米人、阿拉伯人等）都属于"罗姆米利特"（"罗姆"指的是"罗马"或"拜占庭"）。但由于希腊人以前是拜占庭帝国的统治者，所以他们在神职人员中有更大影响力。这样一来，希腊人实际上就统治了"罗姆米利特"。除了亚美尼亚米利特，在各个米利特中，尽管种族特征得到了保留，但是宗教信仰才是最重要的。

每个米利特都有一定程度的自治权，有些米利特由此享有一些特权，并成功主导了某些行业。1493年，犹太人被逐出西班牙，流亡到伊斯坦布尔，并带来了第一台活字印刷机。这就动到了某些人的"蛋糕"——专业抄写员已经抄了几个世纪的书了。于是，在他们的强烈抗议下，苏丹巴耶济德二世下令禁止使用印刷术。这些抄写员声称，印刷术会破坏阿拉伯文字的美观性和微妙性，甚至还有可能改变文本的含义。不过，希伯来文不会受到影响。因此，只有非穆斯林米利特能够印刷书籍。这种情况一直持续到1729年，苏丹艾哈迈德三世给匈牙利裔的易卜拉欣·穆特费里卡颁发了印刷非宗教书籍的许可证。

但自治权也是有代价的。奥斯曼帝国在孩子的养育方面有相当大的决定权，帝国会投入大量资源培养孩子对苏丹的忠诚。特别是巴尔干半岛的基督徒，他们必须将

▲ 苏丹阿卜杜勒-哈米德二世喜欢西式服饰

孩子送到伊斯坦布尔（犹太人和其他教徒可以不用）。这些孩子会在伊斯坦布尔接受教育，并改宗伊斯兰教，优秀的人被任命为军事或民事官员。这就是德夫希尔梅制度。

有趣的是，德夫希尔梅制度违反了伊斯兰法对有经者的保护。随着越来越多的男性皈依伊斯兰教并融入奥斯曼帝国，以及信仰其他宗教的少数派越来越强大，德夫希尔梅制度愈加难以维持。1648年，德夫希尔梅制度被正式废除。

奥斯曼帝国逐步向君主立宪制国家转变。1839年，奥斯曼帝国进入坦齐马特时期，推进了一系列改革，许多人的生活受到了影响。处决叛教者被定为非法，包税制被废除，非穆斯林可以在军队服役，米利特的权力得到了增强。

奥斯曼帝国的官方语言——奥斯曼土耳其语，是了解奥斯曼帝国的一个很好的例子。虽然奥斯曼土耳其语属于突厥语系，遵循突厥语系的语法规则，但其中也有很多外来词汇和舶来概念。奥斯曼土耳其语的书写系统是阿拉伯字母，高达88%的词汇主要来自阿拉伯语和波斯语，以及其他语言。它还借用了以上这些语言的一些语法结构。

20世纪20年代，为了建构新的国家身份认同，阿塔图尔克政府开始清除语言

▲ 1910年,梅夫拉维教团演奏乐器

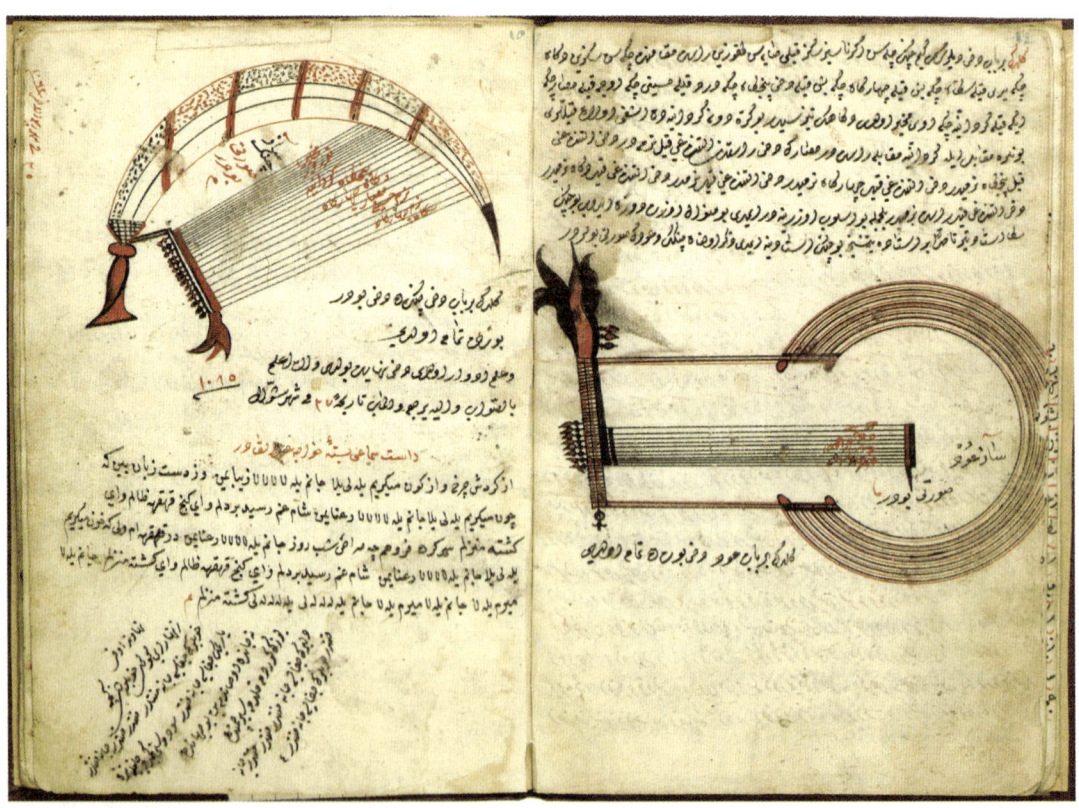

▲ 一份18世纪苏丹亲兵的音乐手稿

▲ 吉兹拉阿迦（黑人首领太监）控制着通往后宫的大门

中的外来影响，创造了很多新词来替代外来词，并以民间白话作为现代土耳其语的基础。尽管如此，仍有14%的现代土耳其语来自其他语言，还有许多奥斯曼土耳其语保留下来了。

为了避免因争夺继承权而引发的战争，奥斯曼苏丹都是由后宫的女性所生，这些女性主要是外国奴隶。因此，要是说奥斯曼皇室都是土耳其人，从遗传学上来说就是一种谬论。从16世纪到20世纪，只有苏莱曼大帝的母亲有土耳其血统——她来自克里米亚鞑靼贵族。其他的奥斯曼皇室中有阿布哈兹人、格鲁吉亚人、法国人、意大利人、塞尔维亚人、鲁塞尼亚人，可能还有阿拉伯人，等等。不过尽管如此，苏丹在文化上仍保持着土耳其风格。

塞萨洛尼基的犹太社区
从远离迫害的避风港到墓地

1492年,卡斯蒂利亚王国消灭格拉纳达酋长国,完成收复失地运动。西班牙的天主教双王伊莎贝拉一世和费尔南多二世颁布《阿罕布拉法令》,下令驱逐安达卢斯时期在西班牙与其他民族和谐共处的犹太人。奥斯曼苏丹巴耶济德二世接收了这些塞法迪犹太人,将他们安置在开罗、伊斯坦布尔、阿勒颇和大马士革等城市,根据齐米制度保护他们。萨洛尼卡(今天的塞萨洛尼基)成为塞法迪犹太人的生活中心。

在上述这些地区,希腊化犹太人和米兹拉希犹太人的数量很少。随着大量的塞法迪犹太难民涌入,16—17世纪,塞萨洛尼基从一个几乎不存在的社区变成了一个犹太人占多数的社区。犹太人在这里安居乐业,而塞萨洛尼基也成为全世界犹太人的艺术和学习中心。16世纪,又有其他地区的犹太人被驱逐,他们也来到了塞萨洛尼基寻求避难,塞萨洛尼基的犹太人数量越来越多。17世纪,塞萨洛尼基陷入经济衰退,沙巴泰·泽维领导的沙巴泰运动被镇压,他的许多追随者为了躲避压迫而皈依了伊斯兰教。

作为知识中心,塞萨洛尼基后来成为青年土耳其党人革命的摇篮。后来,有思想家将奥斯曼帝国的覆灭归咎于东马派身上。在第二次世界大战中,轴心国占领了希腊,惨无人道地屠杀了塞萨洛尼基90%的犹太人。

▲ 这幅版画完成于1880年,献给英国皇家地理学会,画的是一名来自奥斯曼帝国时期塞萨洛尼基的犹太妇女

同样,管理托普卡帕皇宫的官员也不是土耳其人。吉兹拉阿迦,又称黑人首领太监,多出身努比亚地区,负责管理苏丹后宫并在底万(议会)为苏丹出谋划策。卡比阿迦,又称白人首领太监,也在后宫内。他们主要是来自高加索地区的白人奴隶,负责管理宫廷学校和瓦合甫,有时候也需要维护两圣地(麦加和麦地那),等等。

虽然乍一看可能会觉得这些太监的地位很低,但事实并非如此。他们虽然是奴隶,但手中掌握着很大权力,可以影响奥斯曼宫廷的政策、重大决定甚至继承人人选。历史学家甚至怀疑,苏丹塞利姆三世在实行"新秩序"改革后被刺杀很可能就是吉兹拉阿迦一手策划的。吉兹拉阿迦与发动起义的苏丹亲兵关系密切。虽然这个例子有点极端,但还有很多的例子足以说

巴巴里海盗

对于一个5岁的孩子来说，没有什么比海盗更能激发想象力了。同样，对于一群乌合之众来说，没有什么比一起赚钱更有吸引力了。巴巴里海盗人员组成复杂，包括奥斯曼帝国所有的海上民族以及那些像约翰·沃德一样"土耳其化"了的西欧人。这些人聚在一起只为了一项共同的"伟大"事业——海上抢劫。他们在大西洋和地中海肆意劫掠来自欧洲的船只。

巴巴里海盗拥有强大的巨型战舰，所以他们只是在名义上受苏丹控制。在勒班陀战役中，他们受奥斯曼帝国调遣，充当后备海军，但其他时候，他们都是自治的。就在勒班陀战役中，米格尔·德·塞万提斯（著名的《堂吉诃德》的作者）被俘虏后沦为奴隶，后来被赎回。

参加勒班陀战役的有一位著名的奥斯曼海盗，名叫海雷丁·巴巴罗萨。还有一位著名的女海盗，名叫萨伊达·阿胡拉，是1492年在格拉纳达战争中从西班牙逃出来的难民。萨伊达·阿胡拉与巴巴罗萨和他的哥哥奥鲁奇雷斯（"红胡子"兄弟）结盟，在西地中海地区和大西洋劫掠西班牙船只，而"红胡子"兄弟则在东边从事海盗活动。萨伊达·阿胡拉在得土安（也就是今天的摩洛哥）的一块土地上自封为女王。

▲ 来自莱斯沃斯岛的巴巴罗萨是最有名的巴巴里海盗

明吉兹拉阿迦权倾朝野。

奥斯曼政府的其他职位也有少数民族代表。大多数大维齐尔都不是土耳其裔，有切尔克斯人、希腊人、阿布哈兹人、阿拉伯人、亚美尼亚人、塞尔维亚人等。来自阿尔巴尼亚的大维齐尔就有30位。但所有的大维齐尔都是从士兵做起的。

少数民族需要通过服兵役来表示他们对苏丹的效忠，但参军对他们来说也是一个向上晋升的机会。

古拉姆成为奥斯曼帝国最早的一批奴隶士兵，他们或是在战斗中被俘的奴隶，或是雇佣兵。在早期时候，古拉姆有切尔克斯人、格鲁吉亚人、阿布哈兹人和高加索人。值得注意的是，将阿尤布王朝逐出埃及和叙利亚的马穆鲁克是切尔克斯和土耳其混血。1517年，奥斯曼人击败马穆鲁克，从各个诸侯国吸收了这些雇佣兵。在

▲ 虽然苏莱曼大帝未能攻占维也纳,但奥斯曼咖啡(原产于也门)成功"占领"了欧洲的咖啡馆

▲ 奥斯曼军乐队的"经典重现",带有一些现代风格

征服巴尔干半岛的时候,这些来自大叙利亚的士兵已经成为奥斯曼军队的主力。

而北非的阿拉伯-柏柏尔人,从16世纪的奥斯曼-威尼斯战争开始,就为奥斯曼帝国所用。他们劫掠欧洲的船只,而在这个过程中,他们也获取了足够的财富和权力,能够实现自治。

不过在奥斯曼军队中,苏丹亲兵,即耶尼切里军团才是少数民族权力的终极体现。

耶尼切里军团最初是由德夫希尔梅制度征募的士兵组成,但这些人一旦意识到自己的力量,就变得嚣张跋扈了。成立耶尼切里军团的最初目的是对抗东安纳托利亚萨法维耶教团的奇兹尔巴什民兵(他们后来建立了萨法维王朝)。

索库鲁·穆罕默德帕夏出生于波斯尼亚,是一名耶尼切里军团士兵,最终升任为大维齐尔。他一生共服务了三位苏丹——苏莱曼一世、塞利姆二世和穆拉德三世。在近14年的时间里,他是奥斯曼帝国的实际统治者。斯坎德培也是一名耶尼切里军团士兵,来自阿尔巴尼亚。他返回自己的故乡,伪造了一封来自苏丹的书信骗开城门,并占领了克鲁亚。在25年的时间里,他率领人民反抗奥斯曼帝国,使得阿尔巴尼亚或多或少实现了独立。类似的例子还有很多。

耶尼切里军团的军乐队很有名,他们吹打土耳其唢呐、土耳其大鼓、土耳其铜钹,起到震慑敌军的作用,同时鼓舞军队的士气。在此之前,阿拔斯王朝、倭马亚

▲ 1911年的奥斯曼日历,包含多种语言和日期系统

王朝等都有军乐队。奥斯曼帝国也将这一传统延续了下来。奥斯曼人进攻维也纳的时候,他们的大炮陷在了巴尔干地区的泥潭中。在等待大炮的过程中,他们的军乐队就开始演奏。

1683年,面对即将来袭的奥斯曼大军,维也纳岌岌可危。好在波兰翼骑兵及时赶到,成功帮维也纳解围。但这场战役后,欧洲文化受到了奥斯曼帝国的深深影响。除了咖啡的引入,奥斯曼军乐队的音乐也在欧洲掀起热潮,"土耳其风格"的音乐风靡一时。土耳其铜钹和其他打击乐器也传入了欧洲。后来,受维也纳著名音乐家莫扎特的启发,现代爵士音乐家戴夫·布鲁贝克创作了《蓝色土耳其回旋曲》。这种多元化的联系也反映了奥斯曼帝国音乐的多元化。

在塞利姆三世统治期间,一位名叫汉帕森·利蒙德吉安(Hampartsoum Limondjian)的亚美尼亚作曲家参考亚美尼亚

> 大多数大维齐尔都不是土耳其裔……有30位大维齐尔是阿尔巴尼亚人。

▲ 五彩斑斓的奥斯曼皮影戏

教堂的赞美诗,发明了一种新的记谱法系统。通过这种记谱法系统,除了将当时的音乐作品转录成了六本书,他还创作了一些新的作品、理论和木卡姆(一种音乐调式)。这些东西流传至今,直到现在仍被使用。除此之外,汉帕森·利蒙德吉安还为亚美尼亚教堂创作了一些带有土耳其风格的乐曲。

其他的艺术行业也是如此。高级珠宝制造商大部分都是亚美尼亚人和犹太人,而苏丹宫廷里的肚皮舞者大多是吉卜赛人。以卡拉格兹为主角的奥斯曼皮影戏也沿着丝绸之路从东亚向西传播,并在沿途中吸收了新的元素。在苏丹的餐桌上,黎凡特人带来了也门的咖啡、浪马军(一种薄饼卷烤肉)和其他烹饪方式。苏丹的盘子有可能是伊兹尼克陶器,伊兹尼克陶艺是一种全新的工艺,从中国的明朝、阿拔斯帝国和其他丝绸之路国家的传统工艺中汲取了灵感。

耶尼切里军团的军乐队震慑敌军并鼓舞士气。

苏丹的盘子

在餐桌上，一道家常菜就能体现奥斯曼帝国的多样性

小小的烤肉串，在某个需要借酒浇愁的晚上，是你的下酒菜。不过在奥斯曼帝国，它们是经过几个世纪的跨文化融合发展形成的一种艺术。

奥斯曼美食融合了来自美索不达米亚平原、近东地区、巴尔干半岛、希腊、中亚、丝绸之路国家等地的不同特色，用"大锅乱炖"来形容最合适不过了。奥斯曼人有很强的创新精神，很快就接受了西红柿、辣椒、南瓜等来自"新世界"的作物。奥斯曼帝国的厨师从中亚地区学会了制作一些传统面食，如曼特（一种小面团）和曲曲儿（类似馄饨的传统面食）。

奥斯曼苏丹钟意阿勒颇地区的烹饪技术，由此发展出伊斯坎达尔烤肉和穆罕马拉（一道开胃菜）等其他美食。加拿大多纳尔、阿拉伯沙瓦玛和希腊陀螺有一个共同的祖先——它们都来自安纳托利亚的土耳其旋转烤肉。咖啡来自也门和非洲之角，而茶叶则通过陆上丝绸之路传入。当然，还有从阿塞拜疆到希腊和马其顿，最后在奥斯曼土地上随处可见的蜜糖果仁千层酥。

不管是为了纪念某个事件还是庆祝某个节日，苏丹都会向人们发放鹰嘴豆、肉和面包。

▲ 伊斯坦布尔的街边糖果摊上五颜六色的糖糊

多元文化的融合渗透到奥斯曼人生活的方方面面。但最终，这曲和谐的交响乐戛然而止。

民族主义在民众中滋生。奥斯曼帝国就像一座木楼，而各股社会力量就像一群群白蚁，蚕食着木楼的内部结构。千里之堤，溃于蚁穴。奥斯曼帝国这座高楼的倒塌也只是时间问题。

在黎凡特惨败后，拿破仑从埃及撤军。1803年，阿尔巴尼亚人、耶尼切里军团首领穆罕默德·阿里帕夏打败了奥斯曼军队和埃及的马穆鲁克诸侯。在穆罕默德·阿里帕夏的推动下，阿拉伯地区开始了一场文学和文化的复兴，这也体现了人们意识的转变。

1876年，《米德哈特宪法》就像碰倒了第一块多米诺骨牌，引发了一系列反应，最终导致奥斯曼帝国灭亡。该宪法颁布后，土耳其语成为奥斯曼帝国唯一的官方语言。土耳其民族主义者声称只有土耳其人才能效忠于国家。而且，在1909年的青年土耳其革命后，他们确保只有会说土耳其语的

▲ 图为阿尔巴尼亚建筑大师米玛·希南为来自波斯尼亚的大维齐尔索库鲁·穆罕默德帕夏建造的清真寺的瓷砖细节

▲ 奥斯曼基督徒在圣墓教堂庆祝复活节

人才能担任政府职务。

第一次世界大战爆发时，阿拉伯人觉得奋起反抗的时机已到。1922年，在欧洲列强的帮助下，这个延续了600多年的帝国灭亡了。

最终，土耳其人继承了奥斯曼帝国的领土、社会生活和法律，从他们身上，我们看到了多彩奥斯曼帝国的遗产。在奥斯曼帝国以前的"心脏"安纳托利亚，乌古斯突厥人的基因只占现代土耳其人基因组成的一小部分。大部分基因来自巴尔干地区、希腊、中东/西亚和北非，但他们说的还是土耳其语。在巴勒斯坦、叙利亚、以色列、黎巴嫩和许多其他地方，奥斯曼帝国的法律体系仍然在不同程度上构成了当地法律的基础。

奥斯曼艺术长廊

推开奥斯曼军事堡垒和清真寺的大门，
你会为精妙绝伦的艺术作品惊叹，
这是一种前所未有的新风格

梅拉妮·克莱格

奥斯曼书籍，特别是宗教书籍，就像是精心雕琢的艺术品。彩饰（土耳其语称之为"tezhip"）是一种装饰书籍的艺术——先在书上刻出复杂精细的图案，然后用金箔装嵌。在15世纪，这是一种极其奢华的艺术。彩饰作品通常是由苏丹委托在私人工作室创作的。

走进奥斯曼帝国的宫殿和清真寺,你会发现里面"别有洞天"。内部富丽堂皇,地上铺着的地毯图案复杂,颜色鲜艳。这些地毯在当时非常昂贵,而在14世纪贸易路线开辟后,在整个欧洲也极为珍贵。在欧洲,只有最富有的人才买得起地毯,这是一种地位尊贵的象征。

细密画是奥斯曼帝国最著名的艺术形式之一，起源于波斯和中国。由于奥斯曼人信仰的宗教不鼓励对人物和物品进行写实描绘，所以细密画一般都是"神秘的"和"非写实的"，这也别有一番魅力。通过将鸡蛋液与颜料混合——最常用的是鲜红色、绿色和亮蓝色——就可以得到这些鲜艳的颜色。

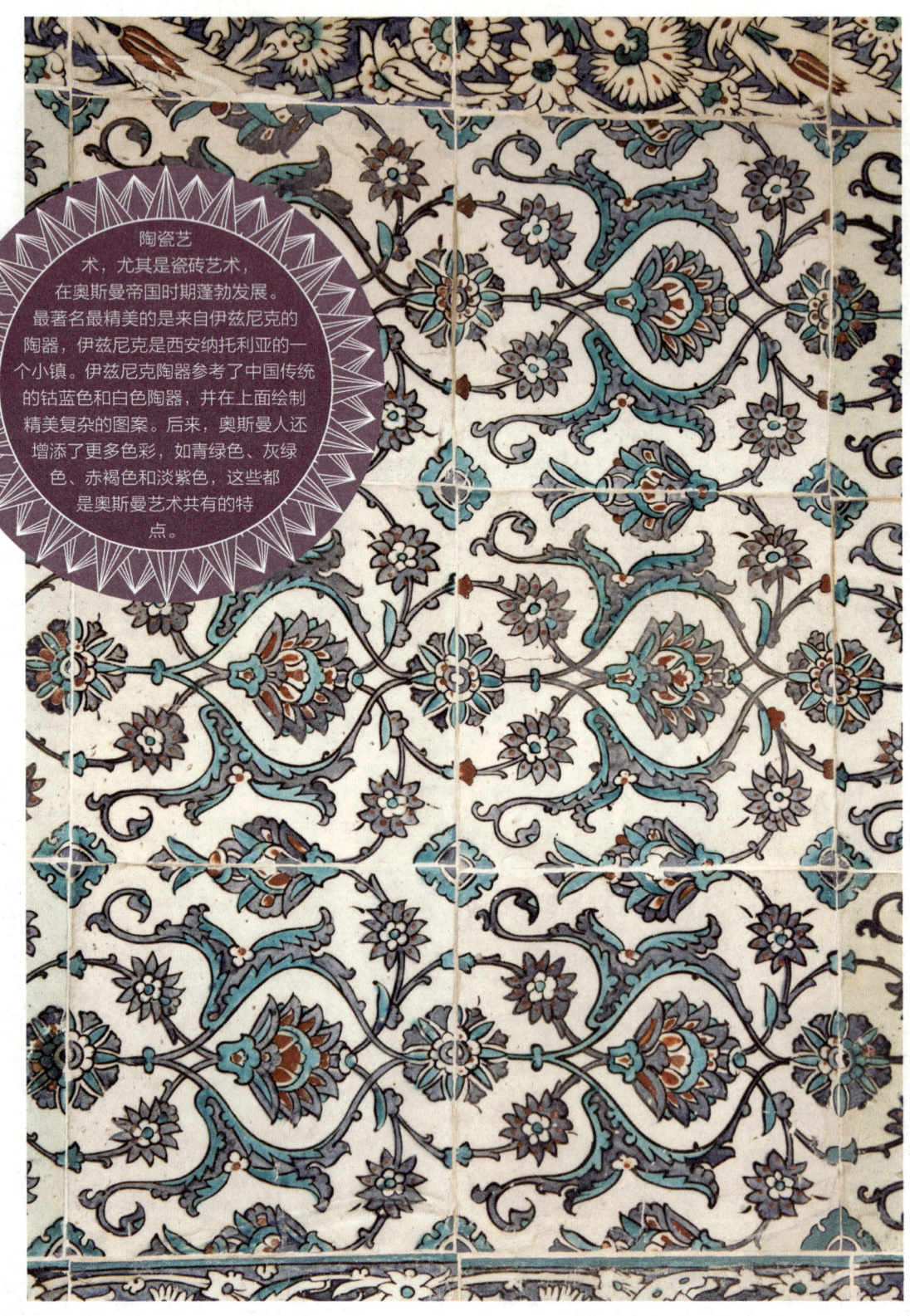

陶瓷艺术，尤其是瓷砖艺术，在奥斯曼帝国时期蓬勃发展。最著名最精美的是来自伊兹尼克的陶器，伊兹尼克是西安纳托利亚的一个小镇。伊兹尼克陶器参考了中国传统的钴蓝色和白色陶器，并在上面绘制精美复杂的图案。后来，奥斯曼人还增添了更多色彩，如青绿色、灰绿色、赤褐色和淡紫色，这些都是奥斯曼艺术共有的特点。

从奥斯曼珠宝上,也可以看出他们对丰富色彩和精美装饰的热爱。奥斯曼珠宝以其奢华而闻名于世,有各种各样的宝石可供选择,最受欢迎的是红宝石和绿宝石。他们还喜欢用不同的金属加以点缀(银一直是他们的最爱)。无论男女,尤其是皇室成员,都会通过佩戴精美绝伦的珠宝来凸显他们的身份和地位。

几个世纪以来，圣索菲亚大教堂所在之处一直是一个圣地。325年，君士坦丁一世在一座异教寺庙的基础上建造了一座教堂，并且经过了多次修复和扩建。然而，532年，在尼卡暴动中，这座教堂被大火烧毁。在拜占庭皇帝查士丁尼一世的脑海中，一个宏伟的计划正在酝酿。他决定建一个世界上最大的教堂，重铸拜占庭帝国的荣光。

查士丁尼雇用了两位著名的数学家安提莫斯和伊西多尔来设计这座教堂。537年，也就是不到六年后，圣索菲亚大教堂（意为"神圣的智慧"）建成。圣索菲亚大教堂有一个巨大的圆顶，这是一种前所未有的设计。近一千年来，圣索菲亚大教堂的圆顶使它成为世界上最大的教堂。

这座宏大雄伟的教堂的设计可谓别具匠心，但它的命运却充满坎坷，屡受挫折。几百年来，一代又一代拜占庭皇帝对其进行了修缮，并冠上了自己的名字。有些皇帝主持的修缮工程还是可圈可点的。例如，查士丁二世用各式各样的马赛克装饰了教堂的墙壁。

然而，并不是每位皇帝都有审美爱美之心。726年，在一场内战之后，利奥三世下令禁止崇拜宗教图像，圣像破坏运动一直持续到842年，在此期间，全国各地的教堂里的圣像都被摧毁了。

随着拜占庭帝国逐渐土崩瓦解，奥斯曼帝国开始兴起。面对来自外族的威胁，西方基督教国家为了收复"圣地"发动了十字军运动。但十字军运动从来都没有取得长期成功。甚至在1453年，奥斯曼苏丹"征服者"穆罕默德二世还攻占了君士坦丁堡。幸运的是，圣索菲亚大教堂的美丽打动了他，他决定将君士坦丁堡定为首都。圣索菲亚大教堂被改建为清真寺，原先的基督教艺术被伊斯兰书法所覆盖或取代。而圣索菲亚大教堂的美也对随后的奥斯曼艺术产生了深远的影响。

第一次世界大战结束后，奥斯曼帝国灭亡，土耳其共和国成立，圣索菲亚大教堂被改成博物馆。时至今日，你仍然可以到伊斯坦布尔参观。

01 化圆为方
圣索菲亚大教堂的美，在于其巨大的圆顶，这是一种具有变革性的设计理念。这个巨大的圆形穹顶下面还有两个半圆穹顶。为了实现这一设计，建筑师给出的方案是"化圆为方"，即在正方形的底座上放置圆形穹顶。圣索菲亚大教堂是最早使用这一技术的建筑之一。如今，在穹隅上还能看到许多拜占庭时期的画，画的是六翼天使，也称炽天使。

02 外围建筑
1453年奥斯曼帝国攻陷君士坦丁堡后，在随后的几个世纪里，分别修建了这四座宣礼塔。这些宣礼塔高60米，比大圆顶的最高处还高——大圆顶高55.6米，而地面上则镶嵌着漂亮的大理石。

10 伊斯兰书法
在几百年的时间里，奥斯曼人不断给圣索菲亚大教堂添加美术作品和书法作品。这几块大圆牌是在1847年翻修时建的。

圣索菲亚大教堂

土耳其，537年至今

03 人类工程史上的奇迹
圣索菲亚大教堂堪称人类工程史上的奇迹，该工程集结了一众资深建筑师，仅用了五年时间就完成了建设。不幸的是，二十年后穹顶倒塌了，而负责修复工程的正好是原来其中一位建筑师的侄子。他采用了肋拱来提供支撑，这些肋拱一直保留至今。

04 基督教和伊斯兰教的融合
拜占庭人和奥斯曼人分别在不同时期拆除了基督教的马赛克镶嵌画，并用书法和几何图形这种非具象艺术代替。穹顶内现存的伊斯兰书法，有可能最开始都是拜占庭马赛克镶嵌画。现存的一幅马赛克镶嵌画《全能者基督》，据估测创作于13世纪，是拜占庭晚期马赛克镶嵌画的代表之作。

05 帝国之威
四根高达17米的斑岩石柱支撑着每个半圆穹顶。就像以前的罗马人一样，拜占庭皇帝也钟爱斑岩大理石，不仅仅因为这种材料非常珍稀，还因为它是紫色的——紫色是皇室的颜色。不过，斑岩在压力下会断裂。所以在几百年的时间里，人们不断用青铜石圈来加固这四根石柱，在柱顶上还刻有查士丁尼的字母组合图案。

06 威尼斯总督恩里科·丹多洛的坟墓
圣索菲亚大教堂最开始是一座希腊东正教教堂。1204年，君士坦丁堡遭到洗劫，圣索菲亚大教堂被改为天主教教堂。1261年，拜占庭人回归。1453年，奥斯曼人把圣索菲亚大教堂变成了清真寺。1934年，穆斯塔法·凯末尔·阿塔图尔克下令将其变为博物馆。威尼斯第41任总督恩里科·丹多洛就葬在圣索菲亚大教堂里。

07 无与伦比的大教堂
即便到了今天，人们凝视着这个古老的穹顶时，也会被它的魅力所折服。它的美超越了时间和空间，一直延续了几个世纪。拜占庭皇帝查士丁尼曾把圣索菲亚大教堂与《圣经》中位于耶路撒冷的第一圣殿相比较，他自豪地说："啊，所罗门，我超越了你！"

08 帝国大门
这个高达7米的大门是整个圣索菲亚大教堂中最大的门，最开始仅供查士丁尼和他的随从使用。整座大门由橡木和青铜制成，来自拜占庭帝国的资料甚至宣称，这些木材来自诺亚方舟。帝国大门马赛克是9世纪至10世纪的作品，描绘了利奥六世向基督圣像躬身。

09 净化之瓮
在圣索菲亚大教堂的入口两侧，有两个古希腊汉白玉大瓮，都是由一整块大理石雕刻而成的。最初，这两个大瓮中可能有水，用来进行古罗马的净化仪式。苏丹穆拉德三世从帕加马将这两个大瓮运到了圣索菲亚大教堂。

值得一去的地方
奥斯曼清真寺

参观伊斯兰世界建筑的大成之作

蓝色清真寺

① 伊斯坦布尔

蓝色清真寺又名苏丹艾哈迈德清真寺，可以说是伊斯坦布尔最著名的建筑，给人留下极其深刻的印象。它的宣礼塔和穹顶在伊斯坦布尔的天际线上形成了独特的轮廓，即便矗立在圣索菲亚大教堂旁，也丝毫不失风采。

这座清真寺是苏丹艾哈迈德一世下令建造的，艾哈迈德一世于1603年至1617年统治奥斯曼帝国，他的陵墓就在这里。建筑师赛德夫哈尔·穆罕默德阿迦设计了六座宣礼塔，从来没有一座清真寺有这么多宣礼塔。而且，蓝色清真寺的庭院也是全奥斯曼帝国的清真寺中最大的。不过，它闻名于世的主要原因是室内贴有成千上万块蓝色伊兹尼克瓷砖，这就是为什么它被称为蓝色清真寺。而且里面还有260扇窗户，自然光能够照进来，内部的精致奢华可以一览无余。

▲ 这座清真寺有六座宣礼塔和好几个穹顶，令人惊叹不已

▲ 因室内砖块所用的颜色为蓝色，它被称为蓝色清真寺

② 穆罕默德·阿里清真寺

 开罗

虽然穆罕默德·阿里清真寺并不是由奥斯曼苏丹下令建造的，但是这座位于埃及首都开罗的清真寺有着很明显的奥斯曼风格。19世纪中叶，一位名为穆罕默德·阿里的奥斯曼指挥官成为埃及总督，试图脱离奥斯曼帝国独立。尽管如此，他的建筑风格还是没有脱离奥斯曼帝国的影响。

这座清真寺花了27年的时间才完工。令人印象最深刻的是这座清真寺的主圆顶，高达52米且直径不小于21米。除此之外，穆罕默德·阿里清真寺还有四个半圆顶和四个更小的圆顶，分布在宣礼塔之间。这些宣礼塔高达80多米，而底座只有3米宽。这座清真寺还有一个庭院，庭院中有几处拱廊，它们都有自己的圆顶。

穆罕默德·阿里清真寺的内部和外部一样宏伟壮观，每个角落都闪耀着生机勃勃的金色和红色。该清真寺于1830年动工，1857年完工。自建成以来，埃及人一直引以为傲。当然，埃及人的品位是无可挑剔的。

▲ 穆罕默德·阿里清真寺也被称为雪花石清真寺

◀ 穆斯塔法·帕夏清真寺简单低调，是早期奥斯曼建筑的代表作

▼ 穆斯塔法·帕夏清真寺位于北马其顿首都斯科普里

③ 穆斯塔法·帕夏清真寺
斯科普里

　　穆斯塔法·帕夏清真寺坐落在斯科普里市中心的斯科普里要塞和马其顿博物馆之间，它唯一的一座宣礼塔高达47米，就像一支射向天空的箭，很难让人忽视。不过，这个建筑群已经没有以前那么大了。以前，这里有清真寺、施舍所、学校、商队旅馆和坟墓。如今，只有清真寺和坟墓保留下来了。

　　穆斯塔法·帕夏清真寺于1492年完工。从入口上方的铭文我们得知，这项工程是由穆斯塔法帕夏出资修建的，他是巴耶济德二世和塞利姆一世治世时的维奇尔。而坟墓的主人则是穆斯塔法帕夏的女儿乌米。这座建筑是早期奥斯曼建筑的代表之作，在方形底座上覆盖着圆顶，圆顶用加以装饰的柱子作为支撑。还有三个比较小的圆顶覆盖了白色大理石门廊。内部相对简约朴素，墙壁是白色的，在窗户周围加上了一些蓝色的装饰。听起来可能很简单，但自然光照进来的时候，会给来祷告的人一种开阔的感觉，令人印象深刻。

④ 加齐-胡斯列夫-贝格清真寺

 萨拉热窝

加齐-胡斯列夫-贝格清真寺位于波斯尼亚和黑塞哥维那（波黑）的首都萨拉热窝，由奥斯曼帝国波斯尼亚总督下令建造，并以他的名字命名。时至今日，这座清真寺仍是波黑国内最具有代表性的奥斯曼建筑。远远望去，就已足够震撼。逐渐走近，映入眼帘的是几根大理石石柱，石柱形成了一个柱廊，通往主入口。入口处刻有精美的阿拉伯花饰和镀金图案。大门上方有一块镀金铭文，上面写有对施恩者的赞颂："胡斯列夫贝伊以真主的名义为匍匐在地的人们建造了这座清真寺，作为他们的家。他是敌人的毁灭者、信仰斗士的帮手、善行的传播者以及虔诚教徒的帮手。"

真正走进去以后，最先注意到的是它的空间。它的内部装饰不像其他奥斯曼清真寺一样美轮美奂。不过，在米哈拉布（壁龛）和小讲坛上还是能看到一些精美的细节。地板上随处可见别人赠送的地毯。无论你是来祷告还是参观，加齐-胡斯列夫-贝格清真寺总能给你带来惊喜。自1531年以来，每天都有人来这里祷告。

▲ 加齐-胡斯列夫-贝格清真寺的入口是用精美的大理石雕刻成的

▲ 从博斯普鲁斯海峡可以看到坐落在伊斯坦布尔的苏莱曼尼耶清真寺，四座宣礼塔高耸入云，直插云霄

⑤ 苏莱曼尼耶清真寺
 伊斯坦布尔

苏莱曼尼耶清真寺可以说是极其伟大的建筑，而下令建造它的苏丹更是称得上英明神武。1550年，苏莱曼大帝下令在伊斯坦布尔最高的山顶建一座清真寺。那里曾是奥斯曼帝国首座宫殿的所在地。七年后，苏莱曼尼耶清真寺竣工了。这是一个不容错过的建筑奇迹，不管从哪个角度看都很美。

苏莱曼尼耶清真寺由米玛·希南设计，他是奥斯曼帝国最著名的建筑师。该建筑群包括一个喷泉、一个花园（从这里可以看到博斯普鲁斯海峡）、一所学校以及清真寺本体。清真寺的四座宣礼塔代表着苏莱曼一世是奥斯曼帝国占领君士坦丁堡后的第四名苏丹。四座宣礼塔共有十个阳台，代表着苏莱曼一世是奥斯曼帝国建国后的第十位苏丹。整个庭院呈长方形，地上铺满了大理石。庭院中央还有一个喷泉，上面雕刻着精美的图案。除此之外，庭院内还有苏莱曼一世和他的妻子罗克塞拉娜的坟墓。穿过庭院就能达到清真寺本体。

清真寺内部更是令人惊叹不已。整个空间非常开阔，光线也非常好。天花板高到仿佛能碰到天空，而精心装饰的穹顶甚至还更高。毫不夸张地说，一走进去，你就会被它的宏伟壮观震撼到无法呼吸。

1. 骑兵冲锋

在维也纳之战中,基督教骑兵部队发动了历史上规模最大的一次冲锋。尽管在猛烈的炮火攻势下,他们不得不从山坡上退下来,但仍然保持着完整的队形。来到地面后,他们摆好阵型,重创了敌军。

4. 毫无防御

尽管卡拉·穆斯塔法帕夏知道增援部队正在路上,而且他完全有足够的时间、人力和材料来设置防御工事,但他根本没有设置路障或尖刺来阻止基督教骑兵。

2. 铁器 VS. 长袍

耶尼切里军团的士兵没有穿戴盔甲,在城墙下的激烈战斗中,这会让他们更加灵活机动。但是当城内的守军用烧红的铁制武器对付他们时,他们就像一群面对狮群的羔羊。

3. 溃败而逃

就在即将拿下维也纳(在他们的苏丹眼中,这就代表着不朽)之际,奥斯曼士兵没有撑住最后一口气,他们舍弃了堡垒,面对冲锋而来的基督教骑兵,他们惊慌失措,落荒而逃。许多奥斯曼士兵在逃往匈牙利的路上被斩杀。

维也纳之战

奥斯曼人使出了浑身解数，但还是没能攻下他们梦寐以求的维也纳

查尔斯·金杰

1682年夏，奥斯曼帝国处于鼎盛时期。自1299年建立以来，它就像一头永不满足的巨兽，南征北战，统治着横跨三大洲的领土。但是，有一块宝地奥斯曼人一直没能攻下，那就是维也纳。

奥斯曼帝国多位苏丹都渴望摘得这颗"金苹果"，但一直没人能做到。1529年，苏莱曼大帝围攻维也纳失败。这一直是奥斯曼人心中的一根刺。现在，又有两人决定向这一目标发起冲击，不达目的誓不罢休。

卡拉·穆斯塔法是苏丹穆罕默德四世时期的大维齐尔，年少时被科普鲁律家族收养。穆斯塔法渴望一场光荣的胜利，而穆罕默德四世则渴望一场与他的前任们相媲美的胜利——尤其是

1453年占领君士坦丁堡的穆罕默德二世。

两人"一拍即合",穆斯塔法就这样踏上了征服维也纳之路,殊不知这是一条不归路。1683年5月,17万奥斯曼大军在贝尔格莱德的城墙外安营扎寨,这里距离哈布斯堡王朝的首都维也纳只有不到400英里[①]。

奥斯曼大军的到来引起了人们的注意。很快,恐慌在维也纳蔓延。虽然没人认为维也纳的防御有多坚固,但后来的事实证明,它的确是一块难啃的骨头。在战斗开始之前,人们所熟知的都是维也纳的防御之薄弱,奥斯曼人甚至已经找到了维也纳防御最薄弱的地方——神圣罗马帝国利奥波德一世的皇宫。就在维也纳市民忙着布置尖刺、开挖沟渠,准备抵御敌军时,他们的皇帝已经准备放弃他们了。7月7日,利奥波德一世弃城而逃。

一个星期后,奥斯曼大军抵达维也纳。一边是浩浩荡荡的17万奥斯曼大军,另一边是只有1.5万守军的维也纳。战斗打响。在接下来的两个月里,维也纳士兵奋勇作战,但奥斯曼工程兵还是逐步破坏了他们的防御工事。

维也纳的陷落似乎已经不可避免了。就在这千钧一发之际,救星来了。

9月12日上午,一支从神圣罗马帝国各地抽调过来的援军抵达维也纳的卡伦山,排开阵型。从这里可以俯瞰维也纳。增援部队大约有4万人,由两位作战经验丰富的将军领导——波兰国王约翰三世·索别斯基、神圣罗马帝国元帅查理五世。

穆斯塔法决定暂缓对维也纳的围攻,先调兵遣将迎击这支援军。他手下的一支小突击队率先向敌军开火。随着第一轮炮声响起,增援维也纳的部队也向前推进了。或许是因为过于自信,觉得自己的军队肯定能守住卡伦山附近的村庄,穆斯塔法完全没有对营地采取任何防守措施。

哈布斯堡士兵和撒克逊士兵将大炮运往战场,对努斯多夫村和海利根施塔特村发动猛烈炮火攻击。中午之前,他们就拿下了这两个村子。到这个阶段,穆斯塔法已经动用了后备部队。虽然短暂的停火给了奥斯曼人一点喘息的时间,但轰炸很快又来了。而这一次,他们的目标直接指向了奥斯曼帝国的大本营——"图肯山堡垒"。如果这里也沦陷了,那耶尼切里军团将无处可逃。当120名波兰翼骑兵向他暴露在外的部队冲来时,穆斯塔法肯定想到了这一点。

压死骆驼的最后一根稻草很快就出现了。随着奥斯曼人的据点逐个失守,索别斯基的骑兵已经随时待命。傍晚6点,9000名骑兵向奥斯曼人的营地冲去,他们用长矛狠狠地刺向敌人。在随后的混战中,奥斯曼人不仅失去了攻下维也纳的可能,信心也遭受了致命打击。在确保维也纳安全后,这些基督教士兵甚至还入侵了匈牙利。卡伦山最终成为埋葬奥斯曼人梦想的墓地。

---

① 1英里约为1.6093千米。

神圣罗马帝国

步兵：2万
骑兵：2万

元帅查理五世
指挥官
这位来自奥地利的政治家骁勇善战，作战经验丰富。在他的指挥下，救援部队选择了最短的路线抵达目的地。他还制定了作战计划。
优势：先声夺人，带领军队穿过险峻的地形，占据了奥斯曼人营地上方的高地。
劣势：查理五世被旧地图误导，使军队面临土崩瓦解的危险。他率领军队涉水过河，穿过危机重重的葡萄园，抵达维也纳郊区。

波兰翼骑兵
主力部队
传说中的波兰翼骑兵是一支精锐的突击部队。他们率先发起冲锋，给予敌军重创，再由他们的战友收拾残局。
优势：全副武装的波兰翼骑兵不管是面对步兵还是骑兵，都能造成毁灭性的打击。向敌军冲锋的他们犹如一波"人肉导弹"。
劣势：波兰翼骑兵虽然盔甲严整，但在敌人猛烈的炮火攻击下还是极为脆弱的。

科皮亚长矛
主要作战武器
科皮亚长矛长达16英尺（约4.8米），枪头是铁做的。在枪头处有一面丝绸制作的小旗，而下方会用金属条加固，用来保护枪头。
优势：在波兰翼骑兵手中，科皮亚长矛是一种不可阻挡的武器，能够迅速对敌人造成致命打击。
劣势：由于科皮亚长矛主要是在冲锋时用于刺穿敌人，所以在近距离战斗中还是略显笨重，作用不大。

奥斯曼帝国

步兵：约13.7万人
大炮：300门

大维齐尔卡拉·穆斯塔法
指挥官
年少时被科普鲁律家族收养，穆斯塔法对苏丹穆罕默德四世忠心耿耿。他一心想为他的君王摘下"金苹果"——攻下哈布斯堡王朝的首都维也纳。
优势：穆斯塔法为人坚决无情、野心勃勃。他非常专注于自己的"攻城事业"，在两个多月的时间里系统性地摧毁了维也纳的防御工事。
劣势：穆斯塔法严重低估了他的敌人，他放弃了对维也纳城墙的进攻，转而面对敌人的增援部队，并且没有对自己的阵地采取任何防御措施。

耶尼切里军团
主力部队
耶尼切里军团是一支训练有素的军队，每个营由300人组成。每个士兵身上都文有所属部队的编号，享受终身津贴。
优势：他们常用的武器是步枪，比敌人所用武器的攻击距离更远。每个耶尼切里士兵都是神枪手，他们是奥斯曼军队的骄傲。
劣势：耶尼切里士兵身穿长袍，头戴毛毡，面对全副武装的敌人时几乎毫无胜算。除此之外，耶尼切里士兵还是出了名的"刺儿头"，拒绝服从他们反对的命令。

弯刀
主要作战武器
这种弯曲的短刀是耶尼切里士兵的标志性武器，在他们擅长的肉搏战中大放异彩。
优势：弯刀特别适合近身战斗。这种锋利的钢质短刀的长度一般在60到80厘米之间，可以直接将敌人的内脏挖出来。
劣势：当耶尼切里士兵面对的是手握16英尺的长矛的骑兵，弯刀就成了他们最大的劣势。

01 援军已到

利奥波德一世已经走投无路了，他四处请求支援。来自神圣罗马帝国各地的士兵组成了一支装备精良、训练有素的增援部队，迅速赶至卡伦山。从卡伦山可以俯瞰哈布斯堡王朝的首都维也纳，这座城市正遭受奥斯曼帝国的围攻。自从奥斯曼大军开始进攻维也纳，城内的居民就开始祈祷奇迹出现。在坚守了两个月后，奇迹真的出现了！这支援军将竭尽全力击退奥斯曼人，解维也纳之围。

02 打响第一枪

在日出之前，一支奥斯曼小部队混入夜色中，悄然向前摸去。凌晨5点，他们突然向哈布斯堡王朝的防线开火，惊慌失措的基督教战士还没来得及反应就倒下了。这一天，在双方指挥官都没有下达作战命令的情况下，战斗就打响了。

03 哈布斯堡步兵反击

可想而知，在遭遇偷袭后，哈布斯堡士兵的心里肯定都憋了一口气。他们从山坡上冲下来，对奥斯曼士兵展开猛烈反击。就在这时，他们的撒克逊同伴也加入了战斗，这让查理五世大为惊恐，他担心军队的阵型被打乱。他命令他的龙骑兵和剩下的撒克逊士兵从山上退下来，并派出骑兵让前方的哈布斯堡士兵停止追击。

04 穆斯塔法殊死一搏

撒克逊炮兵集中火力轰炸努斯多夫村，与此同时，撒克逊步兵正向奥斯曼人逼近。卡拉·穆斯塔法意识到，这已是生死存亡之际。上午10点左右，他命令他的贴身侍卫和近卫军转移到"图肯山堡垒"，这是奥斯曼人的大本营，位于陡峭的山坡上。

05 君临

此时，波兰国王索别斯基已经准备好让他的骑兵投入战斗，查理五世也催促军队加速前进赶往"图肯山堡垒"。而另一边，穆斯塔法在"图肯山堡垒"竖起大旗以召集军队。

10 穆斯塔法的帐篷
当他的军队继续追击四处逃窜的奥斯曼人时,索别斯基走进卡拉·穆斯塔法的帐篷之中。此时,穆斯塔法正在逃往匈牙利的路上。在穆斯塔法的帐篷里,找到了与奥斯曼帝国实力有关的各种文件。至于这位大维齐尔的命运——不久后,苏丹穆罕默德四世就下令用一块丝绸将他勒死了。

09 冲锋!
索别斯基率领9000名骑兵(两翼配有火枪手,并由剑士殿后)向奥斯曼人发起了海啸般的冲锋。时至今日,这次冲锋都被认为是历史上规模最大的一次骑兵冲锋。奥斯曼士兵吓得魂都没了,毫无还手之力,被成片砍倒。穆斯塔法命令仍在围攻维也纳的军队撤退,收拾好自己的东西后落荒而逃。

08 继续进攻
下午3点30分,基督徒士兵再度投入战斗,他们在猛烈的炮火中稳步前进。波兰翼骑兵以三列纵队下山,来到远离战斗中心的格斯托夫村以西的位置,摆好了阵型。为了试探敌人的实力,索别斯基派出120名波兰翼骑兵向奥斯曼人进攻。虽然这120名骑兵几乎全部阵亡,但索别斯基相信,如果发动全面冲锋,胜利将被他收入囊中。

06 据点
经过数小时的激战,哈布斯堡军队终于占领了重兵把守的努斯多夫村。不久后,他们的撒克逊友军也击退了奥斯曼人,拿下了海利根施塔特村。

07 停!
拿下这两个村子后,查理五世也知道他的士兵已经饥肠辘辘、筋疲力尽了。中午过后,他命令军队停下休息。炎炎烈日下,双方都停止了进攻,战场上呈现一片可怕的寂静。

希腊的独立之路

希腊民众日益高涨的爱国情绪是如何为
奥斯曼帝国的垮台埋下种子的

杰姆·杜杜库

马哈茂德二世统治期间（1808—1839），奥斯曼帝国最重要的一块领土——希腊，通过血淋淋的战争，成功赢得了独立。

作为奥斯曼帝国的一部分，希腊的处境很尴尬。精通古代历史的西欧人可能会这样想：既然古希腊是西方文明的起源，那希腊为什么不是由西方强国统治，反倒是由苏丹统治？这种想法是在西方发展起来的，而独立的种子则开始在奥斯曼帝国讲希腊语的地区扎根。

1814年，友谊社在敖德萨成立（敖德萨当时是俄国的领土，现在属于乌克兰）。友谊社成立的目的是推翻奥斯曼帝国对希腊的统治。五年间，友谊社的发展速度令人惊愕，就像野火一样蔓延。他们建立了一个庞大的秘密组织网络，不仅是在希腊，几

▲ 希腊国旗上9条平行长条象征希腊独立战争时的口号"不自由，毋宁死"的9个音节

▲ 希腊反抗奥斯曼帝国实际上是从希腊以外开始的，比如1821年布加勒斯特的这场起义

乎在欧洲的每一个希腊社区（无论是在奥斯曼帝国境内还是境外）都有相应的组织。

在过去，如果希腊人起义，奥斯曼人其实什么都不用做。他们只需要放任阿尔巴尼亚强盗入侵希腊，让这些强盗在各个城镇制造足够多的混乱，叛军就会乖乖放下武器。奥斯曼人不需要组建正式军队来镇压叛乱，阿尔巴尼亚人能够满载战利品而归。这是一个多赢的局面。当然，除了希腊人。

阿尔巴尼亚并非多么强大，如果说一群不成气候的阿尔巴尼亚强盗就能制服希腊起义军，那么也充分证明了为自由而战的希腊战士有多需要外界援助。和美国的独立战争一样，在希腊独立战争期间，有许多其他国家的军队（最重要的是，带来了许多先进的武器装备）助他们一臂之力。

俄国决定支持希腊的独立战争，派出了海军驰援希腊。这同时也引发了另一场战争——第九次俄土战争。除此之外，马哈茂德二世还要腾出手来应付波斯，以及愈演愈烈的希腊独立运动。马哈茂德二世有很多敌人要对付，好在他也有一些帮手。比如说来自北非半自治地区的盟友，以埃

▲ 亚历山大·伊普斯兰提斯；在这张照片中，他穿着奥斯曼人的服装

及的穆罕默德·阿里为代表。希腊人则得到了法国、英国、俄国的援助，还有来自其他国家各种组织的志愿军和资金。从各个方面来看，马哈茂德二世都稍处下风。而他的盟友与支持希腊的大国相比，真的只能算得上是"小鱼小虾"。

在希腊独立战争中，涌现出了许多伟大的革命领袖，其中就包括亚历山大·伊普斯兰提斯。"希腊是希腊人的希腊"这一理念看似简单，实则深邃。亚历山大·伊普斯兰提斯就是这种"简单的复杂性"的代表。的确，他有希腊血统，但他也有瓦拉几亚（罗马尼亚）贵族血统。而且，他一生中的大部分时间都在俄国度过：他在俄国开始军事生涯，并帮助俄国人抗击拿破仑。古斯巴达人肯定不会承认伊普斯兰提斯是他们的希腊同胞。

但伊普斯兰提斯觉得自己是个百分之百的希腊人。他在俄国朝廷有着重要的人脉资源（有助于他寻求援助），他是友谊社的创始人之一，当然，也是一位身经百战的老兵。综上，伊普斯兰提斯就是点燃希腊独立战争导火索的绝佳人选。

伊普斯兰提斯于1821年率先在摩尔达维亚举起了反抗大旗。不过，他很快就意识到，尽管摩尔达维亚的希腊人很支持独立运动，但他们的人数还是太少了。没有足够的当地民众支持，在摩尔达维亚的起义无果而终。摩尔达维亚人的独立还得再等些时日。

这些起义最开始都被马哈茂德二世派兵残酷镇压。一旦某个地区发生了叛乱，奥斯曼军队以及阿尔巴尼亚人和库尔德人组成的非正规军就会很快抵达，对当地百姓进行屠杀。甚至连教堂都被亵渎。这一行径要是放在15世纪，或许还能被接受。

▲ 英国、法国和俄国都支援了希腊的独立战争，就连拜伦勋爵这样的平民都亲自前往希腊支援作战

不自由，毋宁死
希腊国旗背后血淋淋的故事

阿拉马纳战役的主角阿萨纳西奥斯·贾科斯是一名伟大的自由战士、一个传奇般的人物，但他犯了一个根本错误，他不应该把军队分散。这个方法十次只有一次能成功，而且还得有像拿破仑或尤利乌斯·恺撒这样的杰出将领指挥。可惜的是，贾科斯根本无法与这些将军相提并论。奥斯曼指挥官奥梅尔·弗廖尼带领声势浩大的军队将希腊起义军的三股力量逐个击破。希腊军队溃败，贾科斯带领约50名士兵据守一座战略桥梁。他拒绝撤退，决心让他的部队战斗到最后一人，并且做好了牺牲的准备。在激烈的白刃战中，他们的防线被冲散，贾科斯的剑断了，被敌人活捉。弗廖尼一反往常地对贾科斯很仁慈，他邀请贾科斯到自己的部队中担任指挥官。贾科斯是这样回答的："生为希腊人，死为希腊魂。"这句话后来成为一句希腊格言。

弗廖尼对贾科斯实行了穿刺之刑，穿刺是中世纪的一种酷刑，在中世纪就令人憎恶，更不要说1821年了。到了第二天，贾科斯已经奄奄一息。好在他的一位战友赶到，用枪结束了他的生命，也结束了他的痛苦。贾科斯毫无疑问是希腊独立运动中最伟大的烈士之一。而希腊国旗也是希腊独立战争中激昂慷慨精神的真实写照。希腊国旗上9条平行长条象征"不自由，毋宁死"的9个音节。可以说，希腊国旗就是"独立"的真实写照。

▲ 阿萨纳西奥斯·贾科斯是希腊的民族英雄，希腊有许多街道以他的名字命名

1821年，普世牧首格里高利五世因未能阻止希腊人起义而在复活节被处以绞刑

但是在19世纪,这是不能容忍的,只会让西方人确信"奥斯曼土耳其人"(以及其他非西欧人)野蛮成性。奥斯曼帝国的这种行为引起了全世界的愤怒。

哈兹米查利斯·达连尼斯是为希腊独立而奋斗的战士,是希腊的民族烈士。没有人会怀疑他对希腊独立事业的支持,时至今日,他仍被视为希腊的革命烈士。但他常常戴着奥斯曼风格的头巾,看起来俨然一名奥斯曼将军。他穿的衣服既不是西式风格,也不是拜占庭时期的希腊或古希腊风格。甚至连他的名字哈兹米查利斯(Hatzimichalis)都源自阿拉伯语。"Hajji"这个前缀的意思是"完成朝圣之旅的人"(对于基督教徒来说,朝圣就是去耶路撒冷)。这再次提醒我们,奥斯曼帝国是一个多元化的帝国。

1822年,也就是战争开打一年后,希俄斯岛上发生了一件惨绝人寰的事。奥斯曼卫戍部队屠杀了岛上超5万名居民。据估计,希俄斯岛上的12万居民中,有四分之三或被屠杀,或沦为奴隶。不管从哪种角度来看,这都是赤裸裸的战争罪。伯罗奔尼撒半岛自古以来就是兵家必争之地,也是希腊第一块举起反抗大旗的领土。由于当地人都支持希腊独立事业,奥斯曼军队很快就失去了对农村地区的控制,不得不撤退回堡垒里。特里波利斯是希腊伯罗奔尼撒大区的首府,许多穆斯林和奥斯曼驻军的主力部队都在此生活。希腊起义军将通往特里波利斯沿途的所有堡垒逐个击破,最后攻陷了特里波利斯。

埃及的穆罕默德·阿里

虽然穆罕默德·阿里名义上是奥斯曼帝国的臣民,但实际上他才是埃及的统治者。话虽如此,从他的身上,我们可以看到奥斯曼帝国面临的困境。

穆罕默德·阿里出生在今天的希腊,来自一个有阿尔巴尼亚血统的家庭。他在希腊当税吏时干得不错,开始有了点小名气。如果不是拿破仑出兵埃及,他可能一辈子都不会去埃及。拿破仑撤退后,被侵占的埃及土地归还给了奥斯曼帝国,穆罕默德·阿里就是被派往埃及的阿尔巴尼亚雇佣军中的一员。

在随后的几年里,穆罕默德·阿里坐山观虎斗,看着奥斯曼帝国与当地的马穆鲁克残余势力(埃及的前统治者)斗得水深火热。到了1811年,他已经成为埃及实际的统治者。古老的马穆鲁克王朝的残余势力以及强大却又鞭长莫及的奥斯曼帝国最后都败在了一个野心勃勃的税吏手中。穆罕默德·阿里并非在埃及出生、长大,但今天他却永远与埃及联系在了一起。

▲ 穆罕默德·阿里是公认的"埃及民族英雄",但他本是阿尔巴尼亚人

▲ 友谊社对希腊人来说具有重要意义，在敖德萨有一座小博物馆专门介绍友谊社的成立过程

令人难以置信的是，就在希腊人反抗奥斯曼帝国、争取独立的过程中，他们甚至还打起了内战。内战的双方主要是希腊大陆人民和岛民与伯罗奔尼撒人。这场内战持续了大约一年。希腊新政府一边要和它的"宿敌"对战，一边还要跟它的希腊同胞作战。

与此同时，马哈茂德二世在伯罗奔尼撒半岛留下了一支4万人的埃及军队，由穆罕默德·阿里的儿子指挥。马哈茂德二世打出了一张"王牌"——宣布圣战。几乎很少有奥斯曼苏丹会这样做。不过，根据1827年纳瓦里诺海战后的"和平条款"的规定，这支4万人的军队必须回到埃及。此时，埃及的统治者穆罕默德·阿里陷入了两难。他到底要不要遵守"和平条款"，向现实屈服呢？如果这样的话，他就会成为一名无视哈里发的圣战呼召的穆斯林。而且，他的儿子也别无选择，只能灰溜溜地撤退。

战争正如火如荼地进行，士兵们已经精疲力竭，而许多人已经准备好签订和约结束战争了。根据1829年的《亚德里亚堡和约》的规定，奥斯曼帝国须承认亚美尼亚和塞尔维亚的部分地区的自治，割让黑海东西海岸的大部分土地（包括具有重要战略意义的多瑙河河口）给俄国。俄国可以继续控制摩尔达维亚和瓦拉几亚，将其影响力扩大到离奥斯曼帝国首都更近的地方。实际上，俄国是将这些领土作为"人质"，等奥斯曼帝国支付巨额赔款才将它们"释放"。上述条款都在1829年达成一致，减轻了马哈茂德二世的一些压力。但奥斯曼帝国与希腊之间尚未达成任何官方协议。

1829年，希腊独立战争结束。希腊并没有因为摆脱了"奥斯曼土耳其人"的统治就成为一块新的乐土。希腊第一共和国的第一位总统爱奥尼斯·卡波季斯第亚斯伯爵在位短短几年就被刺杀身亡。而且暗杀他的并不是"奥斯曼土耳其人"，而是心

希腊的独立之路
通往自由的漫漫长路

1. 伯罗奔尼撒
希腊独立战争就在这座岛上打响，起义军的指挥官是当地的军阀。

2. 雅典
1832年，雅典、阿提卡、伯罗奔尼撒以及希腊中部的大部分地区组成了希腊王国。

3. 色萨利
1878年柏林会议和1881年君士坦丁堡会议将色萨利地区割让给希腊。

4. 伊奥尼亚群岛
在被英国短暂占领后，伊奥尼亚群岛于1863年并入希腊。

5. 伊庇鲁斯地区
1878年的柏林会议没能解决希腊的边界问题（红线处），所以在1881年的君士坦丁堡会议上，希腊只能降低了索赔诉求。

6. 马其顿
经过外交角力，希腊于1913年获得了包括塞萨洛尼基在内的马其顿领土。

1832年边界
1878年柏林会议确认的边界
1881年君士坦丁堡会议确定的边界

◀ 爱奥尼斯·卡波季斯第亚斯是希腊第一共和国的第一位总统，但他在执政几年后就被希腊人暗杀了

怀不满的希腊人。事实上，这个新成立的国家的命运并不掌握在雅典或伊斯坦布尔，而是掌握在伦敦手中。

1832年伦敦会议上，希腊王国正式成立。这也体现出列强在希腊独立的过程中扮演的各种角色。好消息是，希腊人有了一位新国王（虽然他并不是希腊人）。巴伐利亚王子奥托被选为希腊王国的首任国王。各国一致决定应该签订一份正式的和约，宣告战争结束以及希腊王国成立。于是，他们在奥斯曼帝国首都签署了《君士坦丁堡条约》。不过，希腊王国并不是我们今天的希腊。希腊王国包括伯罗奔尼撒、希腊中部（包括雅典在内，虽然当时雅典已经是座废都了）、埃维亚岛及爱琴海大部分岛屿。伊奥尼亚群岛、克里特岛、

129

▲ 这幅著名的画作由欧仁·德拉克罗瓦于1824年创作,描绘了奥斯曼士兵杀害并奴役希俄斯岛上的平民

塞浦路斯和希腊北部(包括马其顿和塞萨洛尼基等重要地区)仍属于奥斯曼帝国。奥斯曼帝国割让了一大块土地,但这对他们来说已经是不幸中的万幸了。

巴尔干半岛北部的部分地区从名义上来说仍然属于奥斯曼帝国,但实际上被俄国统治。俄国一直对奥斯曼帝国境内东正教徒权利的问题指手画脚,试图在各个方面削弱苏丹的权威。在埃及发生的战争以及在奥斯曼各地发生的小规模叛乱证明,需要一种黏合剂将整个奥斯曼帝国牢固地黏合起来。苏丹阿卜杜勒-迈吉德一世尝试自己制造这种黏合剂。

希腊独立战争结束后,阿卜杜勒-迈吉德一世痛苦地意识到,这样的事情很可能会在塞浦路斯、保加利亚甚至巴格达重演。他必须有所行动。他首先废除了存在几个世纪之久的耶尼切里军团,尝试推行"奥

▲ 苏丹马哈茂德二世。在这张看似友善的脸庞下面，隐藏着一个黑暗血腥的灵魂

斯曼主义"。阿卜杜勒-迈吉德一世组建了一支新军队，并想方设法让欧洲的基督徒加入。现在他们有了选择的权利：如果愿意，他们可以加入。或者，他们也可以缴纳吉兹亚税（一种向非穆斯林征收的古老税种）。这一系列创新措施组成了"奥斯曼主义"的基础。从理论上来说，"奥斯曼主义"规定，臣民不分宗教、民族，权利完全平等。统治者也认识到，这样一种把选择权交到百姓手上的体制，实施起来更容易，而且也能带来更高的稳定性和安全性。

19世纪初，奥斯曼帝国有40%的人口都是基督徒。阿卜杜勒-迈吉德一世相信，他推行的这些新理念是对这种人口结构的必要回应。虽然仍有足够的理由呼吁团结统一，但不可否认的是，民族和宗教的界限越来越明确。阿卜杜勒-迈吉德一世想尽办法，确保所有奥斯曼臣民在法律面前一律平等，并且有平等的机会，努力将帝国各处可能滋生的不满情绪扼杀在萌芽之中。

与此同时，希腊的发展并没有想象中的那么好，甚至有些停滞不前。希腊民众、政府官员以及朝臣对新宪法争论不休。不幸的是，希腊还出现了大规模的腐败。严重的经济萧条让政府债券变得一文不值。对于希腊这样一个新成立的国家来说，基础设施建设尤为重要。但在这种情况下，它想要找到足够的资金是难上加难了。另外，似乎没有人对国王奥托一世满意。他甚至在他执政的头几年里试图实行独裁统治。1862年，奥托一世在政变中被推翻，被迫退位。

大约一年后，希腊人迎来了一个新国王，而且这位国王也完全没有希腊血统。丹麦的威廉王子成为希腊国王乔治一世。乔治一世扩大了希腊王国的疆域，得到了伊奥尼亚群岛，这是英国送给他的登基礼物。

扛起反奥大旗的领袖

奥斯曼帝国的统治虽然长久，但并非一帆风顺。各地纷纷出现起义，而这些反抗力量最终会让这座帝国大厦倒塌

拉斯卡莉娜·波波莉娜

阿尔伯雷什人（阿尔巴尼亚人）
希腊人，东正教，1771—1825

1825年，在她的家乡斯佩察岛，波波莉娜被一名无名杀手开枪射杀。因她的儿子与另一个家庭的女儿私奔，引发了一场世仇。

拉斯卡莉娜·波波莉娜出生于伊斯坦布尔的监狱，是一名让敌人望而生畏的海军指挥官。她的父亲因于1770年参与俄国支援的希腊起义而锒铛入狱。波波莉娜没有让父亲失望，她最终成为1821年希腊独立战争中的传奇女英雄。"女承父业"的她组建军队并指挥舰队对抗奥斯曼帝国。为了纪念她的英勇事迹，沙皇亚历山大一世授予她海军上将的荣誉称号，她也成为第一位获此殊荣的女性。

玛丽安娜·马拉什

叙利亚人，东正教，1848—1919

本节中提及的大多数人都是军事领袖，马拉什则是知识分子的代表。她是首位在阿拉伯日报上发表文章的女性，成为文学复兴运动的一部分。她恢复了文学沙龙的传统，创作原创作品，谈论西方和东方文学的思想。她与她的土耳其同行一起创办了《女性》杂志，这本杂志是青年土耳其党人运动的主阵地之一。马拉什有着超前的思想，是奥斯曼女权主义者的代表。

苏丹·帕沙·阿特拉沙

叙利亚人，德鲁兹派，1888—1982

在黎凡特，这位叙利亚的民族英雄发动了独立战争。他不仅与奥斯曼帝国作战，还抗击后来的法国，甚至对独裁统治的叙利亚政府也重拳出击。1909年，阿特拉沙的父亲领导的起义被残酷镇压后，他开始联络阿拉伯民族主义者，组建了一个庞大的网络。1918年，他的军队率先进入大马士革，升起了阿拉伯起义的旗帜。从与奥斯曼帝国的战争中，阿特拉沙吸取了教训，在与其他强国的战斗中，他采取了游击战的方式。他的影响力一直延续到20世纪。

斯坎德培

阿尔巴尼亚人，1405—1468

斯坎德培是阿尔巴尼亚人的民族英雄，至少在25年的时间里，他在巴尔干半岛的山区中与奥斯曼帝国进行游击战，多次成功抵御奥斯曼人的进攻。斯坎德培出生于一个东正教贵族家庭，年轻时被奥斯曼政府通过"德夫希尔梅"制度征募，成为一名苏丹亲兵。1443年莫拉瓦战役，他率领300名士兵起义。他伪造了一封苏丹穆拉德二世的书信，骗开了克鲁亚的城门，据而有之。他还与当地的酋长结盟，成立了莱什联盟。从1443年到1468年，他多次成功抵御奥斯曼大军。在克鲁亚之战中，斯坎德培甚至击退了兵力十倍于他的奥斯曼大军。1468年，斯坎德培死于疟疾。在接下来的十年里，威尼斯人主导了阿尔巴尼亚的独立事业。

伊斯麦尔·恩维尔帕夏

土耳其人/阿尔巴尼亚人，1881—1922

伊斯麦尔·恩维尔帕夏是奥斯曼帝国末期最有权势的人物，是联合进步委员会的领导人，与另外两人组成了三人组联盟"三帕夏"。1908年，他们与青年土耳其党人合并，赢得议会多数席位。1913年，他们发动政变。最开始，他们希望通过改革实现现代化，重铸奥斯曼帝国昔日的荣光。但后来，他们以推行"奥斯曼主义"为借口，实行"突厥化"政策，导致了1915年的亚美尼亚种族大屠杀。伊斯麦尔·恩维尔帕夏是奥斯曼帝国的战争大臣，在第一次世界大战中与德国结盟。

卡巴克奇·穆斯塔法

土耳其人/阿尔巴尼亚人，1770—1808

历史上对于卡巴克奇·穆斯塔法早年的记载很少。1807年，他率领一支雅玛克军队与哥萨克海盗作战，保卫博斯普鲁斯海峡。此时，苏丹塞利姆三世正在推行"新秩序"改革，按照法国的标准组建一支新军队。雅玛克军队拒绝穿上新制服，他们杀死了一位大臣，开始了起义。在这些雅玛克人的支持下，卡巴克奇·穆斯塔法率军抵达伊斯坦布尔。他们将苏丹塞利姆三世囚禁了起来，并将他杀害。而他的堂弟穆斯塔法四世被拥护上王位。

汉帕索姆·博亚吉安

亚美尼亚人，1860—1915

尽管奥斯曼帝国境内的许多少数民族纷纷寻求独立了，亚美尼亚人还是一如既往的忠诚。然而，在19世纪90年代的俄土战争中，亚美尼亚人的民族主义情绪高涨，开始支持俄国。奥斯曼士兵和库尔德民兵被派往东安纳托利亚平息骚乱。1894年，博亚吉安领导抗击奥斯曼帝国。结果，博亚吉安被俘虏并被严刑拷打，流放到了利比亚。他回来后，还成为奥斯曼议会阿达纳代表。1915年，他被奥斯曼政府处以绞刑。

穆罕默德·阿里帕夏

阿尔巴尼亚人,拜克塔什教团,1769—1849

穆罕默德·阿里帕夏是奥斯曼帝国的埃及总督,但他从来都不觉得自己是这个日落西山的帝国的附庸,他觉得自己将取缔它。1805年,在拿破仑从埃及撤军后,希腊陷入了三方冲突。穆罕默德·阿里帕夏和一支阿尔巴尼亚佣兵团战胜了其他两个对手,成为希腊的统治者。

1831年,穆罕默德·阿里帕夏正式向奥斯曼苏丹马哈茂德二世宣战,占领了叙利亚。1833年,他还短暂占领了安纳托利亚南部的部分地区。1839年,他宣布独立。1840年,奥斯曼苏丹派兵镇压穆罕默德·阿里帕夏,但未能成功。穆罕默德·阿里王朝一直延续到1953年,其间,贾迈勒·阿卜杜勒-纳赛尔发动政变,之后成立了埃及共和国。

> 穆罕默德·阿里帕夏虽然是阿尔巴尼亚人,但在某种程度上,他掌握着整个埃及的文学、艺术和经济复兴,包括其举世闻名的棉花业。

卡拉乔尔杰·彼得罗维奇

塞尔维亚人，东正教，1768—1817

  1801年，维齐尔穆斯塔法帕夏在贝尔格莱德被暗杀。1804年，叛变的苏丹亲兵屠杀了当地的塞尔维亚统治者。在这样的背景下，塞尔维亚人选举卡拉乔尔杰·彼得罗维奇（绰号"黑乔治"）为他们起义的领导人。之所以叫这个名字，是因为卡拉乔尔杰·彼得罗维奇不论对朋友还是敌人，脾气都特别暴躁。起义一开始取得了成功，但后来俄国切断了援助。1812年，奥斯曼帝国彻底击溃了这支内部都不团结的塞尔维亚起义军。

坦齐马特改革

从高度中央集权到修建新式铁路,
这个"欧洲病夫"能实现自救吗?

穆罕默德·巴伯

▲ 历史上的君士坦丁堡的全景图

　　奥斯曼帝国横跨三大洲，延续600余年，是历史上最强大的帝国之一。16世纪，它达到鼎盛时期，成为世界超级大国。但到了18世纪末，这个曾经不可一世的帝国开始变得摇摇欲坠。在俄土战争中，奥斯曼帝国遭遇耻辱性的大败，这也标志着它在军事上的统治地位已经难以为继了。除此之外，它还要应对巴尔干地区日益盛行的民族主义运动，历史上称之为"近东问题"，多方面的问题最终引发了一系列危机。

　　为了应对帝国面临的各种挑战以继续维持统治，奥斯曼人采取了一系列激进的措施。他们尝试在奥斯曼帝国推进"现代化"，在某些领域，甚至可以说是"欧洲化"。这一连串的改革被称为"坦齐马特改革"。"坦齐马特"在土耳其语中的意思是"重组"。据官方的说法，"坦齐马特改革"一直从1839年持续到1876年。但实际上，这一改革过程持续了整个19世纪。

　　奥斯曼苏丹最重视的就是军事改革。因为只有拥有一支强大的军队，才能抵御外敌入侵并维持自身的统治。耶尼切里军团是奥斯曼军队中的精锐，对帝国的建立厥功至伟。他们只对苏丹效忠。然而，到了19世纪初，随着中央权威的削弱，耶尼切里军团的权力增长，腐败渗透到军队的每个角落。曾经，耶尼切里军团令敌人

耶尼切里军团是奥斯曼军队中的精锐,对帝国的建立厥功至伟。

闻风丧胆。但如今,他们已经失去了统治力。在各场重大战役中,耶尼切里军团屡战屡败。

塞利姆三世敏锐地注意到了这一点,决定按照欧洲的风格组建一支新军队,史称"新秩序"改革。军事学校的课程加入了现代技术教育,包括弹道学、力学、冶金学甚至代数。塞利姆三世还为奥斯曼帝国引进了制造枪炮的新技术和印刷术,并下令将一些西方著作翻译成土耳其语。

然而,耶尼切里军团却将这种改革视为对他们权力的威胁。1807年5月,在暗地里得到了宗教当局的支持后,耶尼切里军团发动政变。塞利姆三世试着与叛乱者谈判,但收效甚微。最终,塞利姆三世被废黜,并被穆斯塔法四世下令杀死。穆斯塔法四世同意停止改革,成为新的苏丹。然而,穆斯塔法四世的统治非常短暂,只持续了近14个月——从1807年5月到1808年7月。

在那场政变中,阿卜杜勒·哈米德一世的儿子马哈茂德皇子侥幸活了下来。在躲藏了一年之后,他从阴影中走了出来。在阿朗达尔·穆斯塔法帕夏的帮助下,穆斯塔法四世被废黜并杀害。而马哈茂德皇子成为苏丹马哈茂德二世。

▲ 位于伊斯坦布尔的贝勒贝伊宫,是按照法国新巴洛克风格建造的

马哈茂德二世也坚信军事改革的必要性。对于耶尼切里军团,他可没打算给他们什么好果子吃。但他也明白,对付他们需要格外谨慎,不能一上来就用猛药。在他统治的头几年里,马哈茂德二世先是在比较偏远的行省重新建立起了中央权威,但耶尼切里军团动用了千百年来屡试不爽的招数——贿赂。后来,他仿效西式军制组建了一支新式军队,并试着将耶尼切里军团整合进来。不出意料,耶尼切里军团

大为不满,并举行示威反对改革。但这一次,马哈茂德二世已经做好了准备。

接下来就是奥斯曼历史上最残酷、最血腥的一页,史称"吉祥事变"。1826年6月14日,耶尼切里军团打翻了汤锅,这是发动反改革政变的信号。这正中马哈茂德二世的下怀,他将耶尼切里军团赶回军营,等待他们的是蓄势待发的大炮。炮火连天,尸横遍野。那些侥幸活下来的人不是被监禁就是被处死。最终,共有数千人死亡。第二天,曾经最受苏丹信任的"苏丹亲兵"被正式废除。

处理完棘手的耶尼切里军团后,马哈茂德二世开始着手实施行政改革,加强中央权力。他将原来的行政机构撤并精简,并成立了一些新的政府部门,让各个部门各司其职,提高工作效率。内政部取代了大维齐尔的秘书办公室。1836年,外交部取代了早已过时的首席秘书。但是,所有的这些改革措施都需要大量的资金。马哈茂德二世开始将资金丰厚的宗教组织控制在政府手中，没收财产、打破垄断、征收新税。在此之前，这些宗教组织几乎完全独立于苏丹。

1839年7月1日，马哈茂德二世死于肺结核。接任他的是他16岁的儿子阿卜杜勒-迈吉德一世。在阿卜杜勒-迈吉德一世统治时期，推动改革的并不是苏丹本人，而是被称为"坦齐马特之父"的外交部长穆斯塔法·雷希德帕夏。在一些关键的事情上，雷希德为这位年轻的苏丹出谋划策。例如，在雷希德的建议下，设立了专家咨询机构审查立法。

1839年11月3日，雷希德宣读"御园敕令"，也称"花厅御诏"。这份诏命由雷希德策划设计，体现了阿卜杜勒-迈吉德一世的雄心壮志。此诏命颁行昭示着坦齐马特时代的开端。虽然早在此之前，改革就已经开始了。

《花厅御诏》本质上并不是一项法令，而更像是一份正式声明。这份诏命主要包括四个方面：保护苏丹臣民的生命、荣誉和财产；废除包税制；实行更加规范的征兵制；规定权利平等地适用于所有臣民，不分宗教。最后一点最为重要，原因有二。其一，随着奥斯曼帝国各地的民族主义兴起，越来越多的地区要求独立。许多起义者都是基督徒，他们希望能在法律面前（与穆斯林一样）享有平等的地位和公正的对待，但他们的这一诉求在现行制度下无法实现。其二，西方列强经常以支持基督教同胞反抗穆斯林的统治为理由，借

▲ 苏丹阿卜杜勒-哈米德二世看着由俄、法、英评估的奥斯曼帝国的"市值"

机干涉奥斯曼帝国的内政。而且这个借口他们已经用了很多年了。让基督徒、犹太人以及其他宗教信徒拥有更多的权利能够打消西方列强入侵的借口。话虽如此，但值得注意的是，《花厅御诏》只是规定权利平等地适用于所有臣民，还没有宣布穆斯林和非穆斯林在法律面前一律平等。一直到1856年改革法令颁布，所有奥斯曼臣民才完全实现平等（至少在理论上是这样）。

在行政改革之前，奥斯曼帝国是通过米利特制度来管理国家的。在这一制度下，奥斯曼帝国会给予各个少数族群一定程度的自治权，允许他们通过缴纳特定的税（吉兹亚）来免除兵役。同时，各个少数族

▲ 有传闻说马哈茂德二世是塞利姆三世的儿子

巴嫩人纷纷发动了起义，反抗奥斯曼帝国的统治。由于没有足够的军事力量对抗欧洲列强，奥斯曼人在和平谈判中几乎没有讨价还价的能力。他们能做的就是让欧洲大国之间互相制衡，然后坐收渔翁之利。换句话说，英、法、俄都需要奥斯曼帝国，它可以作为一个缓冲国，把东方和西方一分为二。这就是为什么1832年至1833年，埃及的穆罕默德·阿里气势汹汹地准备进军伊斯坦布尔时，欧洲列强立马介入并阻止了他。因为他们担心奥斯曼帝国很可能直接就被灭掉了。所以说，欧洲列强出手援助奥斯曼帝国境内的民族起义，从表面上看是出于宗教热情以及对基督教同胞的同情，但实际上只是他们为了维持大国之间平衡的一种手段。

为了实现现代化并重新将帝国凝聚在一起，奥斯曼苏丹给其臣民创造了一个新的身份，尝试弥合地理、宗教、语言上的差别。但种种努力最终不仅没有达到想要的效果，反而适得其反。奥斯曼主义并没有把人民团结起来，反而是在民族主义兴起的时代，让米利特制度下出现的民族、宗教的差异变得政治化了，甚至让这些矛盾变得更尖锐了。

在《花厅御诏》中，税制改革被列为优先事项。1840年，奥斯曼帝国宣布对整个税制进行重大改革。各种类型的税种被简化为三种：针对非穆斯林的人头税、什一税和服务税。现在，由奥斯曼中央直接任命官员征税，并且给予他们高薪，防止腐败。以前每次征税官员下到基层，当地

群还能通过宗教领袖实现政治参与。尽管在很长一段时间内，米利特制度都运作得非常好，但问题还是逐渐暴露了出来。

18世纪中后期，奥斯曼帝国的中央权威逐渐丧失。在基督教传教士和西方列强的帮助下，米利特的影响力越来越大。很快，德鲁兹人、希腊人、塞尔维亚人、黎

米德哈特宪法
一场短暂的君主立宪制试验

坦齐马特时期，奥斯曼帝国共颁布了三大法令，1876年的《米德哈特宪法》就是第三部。19世纪70年代，由于经济和政治原因，局势日趋紧张。1873年，干旱和洪水导致了大规模的饥荒，农村人口锐减，大量人口涌入城镇，税收收入崩溃。更糟糕的是，同年，国际证券交易所崩盘，奥斯曼帝国想要筹集贷款就更难了。像艾哈迈德·舍菲克·米德哈特帕夏和新奥斯曼人（一个民族主义组织，主要成员是因参与革命活动而在1867年被流放的知识分子）这样激进的改革派，大声疾呼要求建立完全的君主立宪制。但在当时的政治乱象中，他们得到的是这样的结果：

一方面，宪法赋予政府以下权力：
- 像英国那样的两院制议会
- 司法独立
- 赋予内阁部长更大的权力
- 赋予奥斯曼公民更大的个人自由

另一方面，苏丹仍然可以：
- 任命内阁部长
- 选择大维齐尔
- 解散议会
- 宣战
- 通过法令制定具有约束力的法律
- 选择不颁布他不同意的法律

因此，在新的宪法下，苏丹仍然拥有相当大的权力，而议会其实没有实权。这一点在1877—1878年的俄土战争中体现得淋漓尽致。前线的战事并不顺利，议会开始指责阿卜杜勒·哈米德二世的处理方式，但苏丹并不喜欢这种被人指责的感觉。由于苏丹对所有新通过的法律都有否决权，他就用这种特权将议会解散了。就这样，奥斯曼帝国的第一次立宪试验结束了。

▲ 1876年，奥斯曼议会制定《米德哈特宪法》

▲ 苏丹塞利姆三世，于19世纪初发起了改革

居民都要好吃好喝地招待他们，这让一些本就十分贫困的村子雪上加霜。现在，这种陋习终于被废除了。

不幸的是，阿卜杜勒-迈吉德一世的改革措施都没有奏效。首先，根本找不到能够胜任的征税官员。其次，帝国对于人民财产信息的了解也不全面，而且包税人一直妨碍征税。1840年，政府实行了一项新的财产登记行动，希望查清每家每户的财产信息，但这一行动并没有覆盖到整个帝国。1858年，政府又开始对每家每户持有的土地进行丈量和登记，但足足花了50年

▲ 苏丹阿卜杜勒·哈米德二世，奥斯曼帝国最后一位有实权的苏丹

▲ 1770年俄土战争期间，奥斯曼海军在切什梅海战中全军覆没

的时间才完成。结果就是，当奥斯曼帝国急需资金来推进坦齐马特改革时，政府的财政收入却急剧减少，所以不得不重新恢复了低效的包税制——"腐败的滋生源头"。

奥斯曼帝国的法律体系由宗教法、传统习惯和世俗法构成。坦齐马特改革扩大了世俗法的适用范围，同时限制了伊斯兰教法的适用范围，只有家庭问题优先适用伊斯兰教法。奥斯曼人还设置了不同等级的世俗法庭来处理非穆斯林的事务。除此之外，奥斯曼人还为各个米利特社区设立了新的宪法和代表机构，让他们不需要再受宗教法的控制（这在大多数情况下指的都是教会）。1850年，迫于来自英国的巨大压力，奥斯曼国内信奉新教的亚美尼亚社区通过了新宪法。1853年格列高利亚美尼亚人、1865年犹太人、1866年罗马尼亚人步其后尘。

世俗化的改革浪潮也冲击到了教育领域。为了支持全面行政改革，奥斯曼帝国急需一批接受过良好教育的政府官员作为新鲜血液。于是，1859年，奥斯曼人建立了一所公务员学校。在此之前，马哈茂德二世为10—15岁的男孩建立了世俗学校。但1869年颁布的《公共教育法案》又对这些世俗学校进行了实质性的改革。在法国教育部的建议下，奥斯曼人建立了一个三级教育体系：每个大村子和城镇都有一所初等学校、每个城镇都有一所中等学校、每个省的首府都有皇家学院。不过，这些

▲ 2017年，土耳其士兵装扮成耶尼切里军团，庆祝第94个共和国日

学校都是男校，而该条例也为女性教育做出了单独的规定。

19世纪70年代，学校教育改革起步缓慢。但在苏丹阿卜杜勒·哈米德二世的统治下，小学和中学教育迅速发展。19世纪，整个奥斯曼帝国有四种不同类型的学校：为穆斯林儿童开设的传统伊斯兰学校、由苏丹资助的公立世俗学校、由各个米利特创办和资助的学校、由天主教和新教传教士以及世界犹太联盟经营的学校。这种教育体系并不是为了促进民族团结，而是为了让各个族群都满意。

克里米亚战争结束后，奥斯曼人虽然守住了他们的领土，但已经完全失去了主权。随之而来的是另一轮改革。1856年，奥斯曼帝国颁布"哈蒂-胡马雍诏书"，作为对《花厅御诏》的补充。该诏书宣布非穆斯林臣民与穆斯林臣民平等。所有人，不论背景如何，都可以担任文职和军事职位，也可以进入文官学校或军事学校学习。这也意味着征兵的范围扩大到了非穆斯林，不过他们还是可以通过交税来免除兵役。

巴尔干半岛的紧张局势持续升温，最终波斯尼亚、保加利亚和克里特岛都爆发了全面的反抗。在仅仅三个月的时间里，奥斯曼帝国就换了三位苏丹：阿卜杜勒-阿齐兹一世（1876年5月30日被废黜）、穆拉德五世（同年8月31日被废黜）、阿卜杜勒-哈米德二世。尽管阿卜杜勒-哈米德二世的统治标志着坦齐马特改革正式结束，但他还是继续实行改革。奥斯曼帝国修建了更多铁路和公路，建立起现代交通体系；进一步发展初等教育；成立新的政府部门；重组公共债务；进一步加强中央政府权力。

阿卜杜勒-哈米德二世或许是一位改革者，但他也解散了仅成立两年的议会，草草结束了奥斯曼帝国的第一次立宪运动。阿卜杜勒-哈米德二世恢复专制统治，暴政统治了30余年。直到1908年二次立宪时期，他被迫恢复议会。二次立宪时期一直持续了10余年，直到奥斯曼帝国灭亡。

如果把维持奥斯曼帝国的统治作为坦齐马特改革的目标，那么它失败了。因为奥斯曼帝国很快就不复存在了。不过，要说坦齐马特改革是一场彻头彻尾的失败，恐怕也失之偏颇。如果没有这场长达一个世纪的改革，奥斯曼人恐怕很难在20世纪从奥斯曼帝国的灰烬中建立起现代土耳其国家。穆斯塔法·凯末尔·阿塔图尔克把

▲ 阿卜杜勒·哈米德二世下令修建从大马士革到麦地那的汉志铁路

现代化带到了全新的高度，这或许会让躺在陵墓中的苏丹们"辗转反侧"。虽然坦齐马特改革并没有取得立竿见影的成效，但是它留下了丰富的遗产，直到今天仍发挥着重要作用。

▲ 百花盛开的居尔哈内公园，这是1839年宣读《花厅御诏》的地方

奥斯曼帝国：现代化之路

奥斯曼帝国提出奥斯曼主义是为了实现现代化和宗教统一，但外部势力总是喜欢插一脚

杰姆·杜杜库

▼ 位于伯利恒的圣诞教堂，那颗具有争议的银星就位于这里

▲ 法国（拿破仑三世）是干涉奥斯曼帝国内政的西方列强之一

▲ 俄国皇帝尼古拉一世，在他的整个统治时期，都在试图占领或控制奥斯曼帝国的领土

19世纪，许多欧洲作家都在强调欧洲大国的优越性。这些大国被视为人类文明的巅峰。"天定命运"的概念与"民族主义"交织在一起，被认为是既充满理性又合乎逻辑的。在当时，世界上只有两个非欧洲大国：中国和奥斯曼帝国。这两个国家都有非常悠久的历史，但在知识、技术、工业化等各大核心指标上都远远落后于西方——至少在欧洲评论员的眼中是这样的。西方正在高歌猛进，而东方却在一路开倒车。

事实上，大约从16世纪开始，奥斯曼帝国就已经开始走下坡路了。但这一迹象在17世纪还不是很明显，到了18世纪，就能明显地感觉到奥斯曼帝国的扩张时代已经结束了。19世纪，奥斯曼帝国的许多地区开始准备独立，希腊人成了"第一个吃螃蟹的人"。希腊独立战争结束后，虽然大部分历史上属于"希腊"的土地仍在奥斯曼人的控制下，但希腊现在已经是一个独立的国家了。

奥斯曼苏丹马哈茂德二世意识到这种现状无法维持，于是开始着手实行改革。对于马哈茂德二世的儿子阿卜杜勒-迈吉德一世来说，实现现代化是他的首要任务。与前任苏丹相比，阿卜杜勒-迈吉德一世对

▲ 在克里米亚战争中，英国轰炸位于奥兰群岛（芬兰）的一座俄国堡垒

对于从小接受欧式教育的阿卜杜勒-迈吉德一世来说，实现现代化是首要任务。

欧洲有更多的了解。他从小接受欧式教育，能说一口流利的法语。法语是国际外交语言，是一项非常有用的技能。阿卜杜勒-迈吉德一世非常希望能够完成父亲的心愿，实现国家的现代化和西方化，努力适应19世纪的世界政治格局。

奥斯曼苏丹一直都高高在上，深居九重，只有大臣才有资格与其交流。有些苏丹更是"遥不可及"，只在后宫中的私人住所活动。而对老百姓来说，最有可能接触到苏丹的场合就是在他们外出征战的时候。但是奥斯曼苏丹已经很多年都没有带兵打仗了。

在这样的背景下，阿卜杜勒-迈吉德一世定期在周五会见上访者，倒也算是一件新鲜事，以前的苏丹从来没这样做过。这也体现出阿卜杜勒-迈吉德一世很负责，而且对帝国的情况很上心。为了加强与臣民的联系，阿卜杜勒-迈吉德一世还多次前往巴尔干半岛以及帝国境内的岛屿和城镇。

这样的话，至少奥斯曼帝国的百姓能够见到他们的苏丹了，甚至有些人还在与苏丹见面的时候直接表达不满和担忧。

阿卜杜勒-迈吉德一世开始推行奥斯曼主义，希望能将不同民族和不同宗教信仰的人团结在一起，并且赋予他们平等的权利（当然，苏丹还是处于权力的中心）。但从帝国境内基督教徒的反应来看，奥斯曼主义并不是解决宗教认同问题的好办法。不论是谁掌权，耶路撒冷的各个基督教派之间的敌意已经达到了沸点。就算是在耶稣的出生地伯利恒的圣诞教堂，情况也没有好到哪里去。圣诞教堂是全世界基督教徒最重要的圣地之一，但到了19世纪40年代末，经历了两次地震的它已年久失修。尽管如此，它仍是各大宗教团体争夺政治权力的温床。罗马天主教会也想要教堂的钥匙，但亚美尼亚人和东正教教会不同意。

为了讨好法国的拿破仑三世（拿破仑·波拿巴的侄子），奥斯曼人让法国人在圣诞教堂镶上了一颗银星。根据法国人的说法，这颗银星寓意法国将保护中东地区的罗马天主教徒。虽然法国是奥斯曼帝国的新盟友，但它毕竟是一个罗马天主教国

这颗消失的银星是克里米亚战争的导火索。

家，而大多数奥斯曼臣民都是东正教徒和亚美尼亚基督徒。所以当俄国反对把这颗银星作为罗马天主教至高无上的象征时，奥斯曼人就把它撤走了。结果可想而知，法国人觉得受到了极大的侮辱。

阿卜杜勒-迈吉德一世本来不想掺和这场基督教纠纷，但各种琐事层出不穷，他只得出面。不过，他也想不出什么好的解决方案。于是，他用了一招政治家惯用的伎俩——成立委员会。这群基督徒在各种问题上激烈争论了整整五年，都没有达成任何一致意见。就在这期间，这颗银星突然"消失"了。罗马天主教徒指责是东正教徒干的（很有可能确实是他们干的），现在轮到东正教徒觉得受到侮辱了。

虽然这听起来只是一件奇闻逸事，但

▲ 在这本1897年出版的法国杂志上，"死神"在体弱多病的阿卜杜勒·哈米德二世耳边低语，劝他放弃抵抗，而这位第34任苏丹的处境就是当时整个奥斯曼帝国的缩影

▲ 在这幅1860年创作的漫画中,拿破仑三世向奥斯曼苏丹施舍稀粥,苏丹对面坐着教皇

这颗消失的银星却引发了一场大规模战争。发生于1853年至1856年的克里米亚战争是自拿破仑时代以来欧洲发生的第一次大规模冲突,而且令许多大国都措手不及。奥地利和普鲁士还想着通过外交手段解决问题,但战争已经如火如荼地展开了。英国和法国迅速向奥斯曼帝国伸出援手,向黑海提供人、钱和资源。

就在几年前,英法还在支持希腊反抗奥斯曼帝国争取独立。怎么突然之间,它们又站在奥斯曼帝国这边了呢?这当然不是因为它们的关系有多铁,而是因为它们意识到,如果再不出手,奥斯曼帝国很可能就被俄国彻底消灭了。要是这样的话,大量的土地和资源就会落入俄国手中,将极大地提升俄国的战略实力,这对英法来说是不能接受的。

1856年,克里米亚战争结束,双方

▲ 漫画：1898年，克里特岛人民反抗奥斯曼帝国失败。此后，欧洲大国（英、法、俄）给"生病的克里特岛"灌入猛药

签订《巴黎和约》。这份和约可以看作奥斯曼帝国权力的重建。奥斯曼帝国已经走了两百年的下坡路了，在过去的五六十年里，甚至都快沦为"笑柄"了。而对俄国来说，这份和约是一大耻辱，让它丧失了对多瑙河公国以及多瑙河入海口附近地区（曾经是奥斯曼帝国领土）的控制；黑海改划为中立地区，俄国舰队必须撤离；波罗的海岛屿也成了非军事区；将卡尔斯城归还将奥斯曼帝国。为了表彰奥斯曼帝国在克里米亚战争中的贡献，英国向阿卜杜勒-迈吉德一世授予代表最高荣誉的嘉德勋章。

在过去的几个世纪里，西方一直对奥斯曼帝国抱有敌意。而现在，西方大国却努力想让奥斯曼帝国融入进来，成为它们中的一员。虽然如今的奥斯曼帝国已经不可能再与西方大国平起平坐，甚至都很难称得上是一个大国了，但它对西方来说还

▲ 阿卜杜勒-阿齐兹一世是阿卜杜勒-迈吉德一世的弟弟，也是第一位访问过欧洲国家的奥斯曼苏丹

是有很大价值的：它能制衡俄国，控制着进入东地中海和黑海贸易路线的通道。一直以来，奥斯曼苏丹都被视为来自东方的"异类"，经常被忽视。现在，他们也成了国际外交桌上的"玩家"。

奥斯曼帝国的战略收益是以俄国为代价的。但俄国感受最明显的还是其在奥斯曼帝国境内影响力的丧失。俄国再也不能自诩为基督徒和基督教圣地的守护者了。现在，这种荣誉（和权力）属于法国。

克里米亚战争可谓奥斯曼帝国、法国和英国的胜利。银星回到了圣诞教堂。这也给了奥斯曼帝国喘息的机会。不过，在

接下来的30年里，虽然西方大国被其他事情分散了注意力，但奥斯曼帝国还是没能趁机实现工业化和统一。

1859年，黎巴嫩爆发暴乱，并蔓延到叙利亚。到了1860年，这场骚乱已经扩大为全面战争。

阿卜杜勒-迈吉德一世允许以法国为首的奥地利、英国、法国、普鲁士和俄国联军进入黎巴嫩。对于阿卜杜勒-迈吉德一世来说，这有好有坏。好消息是，西方列强并没有直接责备他，而是愿意出手相助；而坏消息是，作为一个帝国，已经沦落到对外求援的境地，这将向外界发出一个软

▲ 1911年利比亚战争期间,意大利军队在北非登陆

弱的信号。

1873年,安纳托利亚遭受旱灾,导致庄稼歉收。此时,奥斯曼帝国的苏丹是阿卜杜勒-迈吉德一世的弟弟阿卜杜勒-阿齐兹一世。组建新海军的巨额开支、苏丹个人生活的挥霍无度,再加上财政管理不善,奥斯曼帝国无法偿还外债,于1875年宣布主权违约。但其实这个问题已经酝酿了好几十年了。

从1855年到1875年,奥斯曼帝国的债务增加了27倍。政府债券从本质上来讲就是政府筹集资金的一种方式。政府偿还债务的速度越快,在未来发行政府债券筹资时就更有可能得到其他国家的支持。而在国家最需要现金的时候,奥斯曼帝国却宣布了主权违约,这就意味着它以后再想找到融资,几乎是不可能了。而奥斯曼帝国的解决方法就是提高耕地税,但农民刚刚才从大饥荒中死里逃生,现在提高征税可谓是最糟糕的时机。

可想而知,奥斯曼帝国呈现一片混乱之态。现在那些想独立的人更有勇气和借口放手一搏了。1897年,希腊想从奥斯曼帝国的手中争下克里特岛的所有权,但却遭遇惨败。1911年,意大利入侵奥斯曼帝国的利比亚地区,双方陷入僵局。意大利

▲ 位于巴勒斯坦的德鲁兹农民家庭，摄于奥斯曼帝国时期

并没有像预期的那样轻松取胜。

一直以来，人们都认为奥斯曼帝国的统治者昏庸无能，把全部的心思都放在了后宫中。然而，这并不是事实的全部。在17—18世纪，奥斯曼帝国确实是出过好几个庸君。但当危机来临时，也涌现出好几位明君，他们是几个世纪以来最富有创新力与活力的统治者之一。而且不得不说，任何一个国家，要是四面都被虎视眈眈的对手包围，想要生存下去确实非常困难。奥斯曼帝国的北边是俄国，西边是奥匈帝国，东边是波斯帝国。虽然现在的波斯已经不再是一个重大威胁了，但奥斯曼人从来都没能彻底击败这个老对手。

和许多帝国一样，奥斯曼帝国在扩张时期所向披靡、势不可挡，就像滚雪球一般迅猛发展。到了17世纪，它就停下了发展的脚步。而到了20世纪初，它还是一个相对庞大的帝国。在那个时期，现在的许多国家都属于奥斯曼帝国的统治范围，包括希腊北部和塞萨洛尼基的部分地区、塞浦路斯、土耳其、伊拉克、叙利亚、以色

▲ 1897年，希腊在与奥斯曼帝国的战争中失败，导致希腊爆发了广泛的示威活动，比如在希腊旧王宫（现在的议会大厦）外的这场示威

列/巴勒斯坦、科威特、沙特阿拉伯、也门、阿拉伯联合酋长国和卡塔尔。

　　奥斯曼帝国的衰亡并不是按照线性发展的，而是有起落的。希腊的独立对奥斯曼帝国来说是一次"致命的打击"，但在此之后，它还是苟延残喘了一百多年。不要小看一个将亡之国，它也会拼尽浑身解数给予来犯的敌人沉重痛击，这是它的临终哀鸣。

苏丹阿卜杜勒－迈吉德一世的宫殿
位于博斯普鲁斯海峡岸边的多尔玛巴赫切宫

　　阿卜杜勒－迈吉德一世很想推动奥斯曼帝国向前发展，但缺乏资金限制了他"大展拳脚"。不过，他从来没想过要限制他的个人支出。他追求奢华的生活，习惯了铺张浪费。多尔玛巴赫切宫就是最好的证明（也证明了他对实现现代化的渴望）。奥斯曼帝国大多数苏丹都住在托普卡珀皇宫，但这座皇宫是15世纪建造的，已经修修补补和扩建了好几百年了。它看上去的确很漂亮，但却是东方的建筑风格。它住起来的确很舒适，但也只是在中世纪的标准下的"舒适"。有人说，应该建一座新式宫殿，反映苏丹现代化的面貌。但是，奥斯曼帝国现在缺乏资金，尤其是缺乏改革的资金，还能负担得起一座新宫殿吗？答案是肯定的。

　　据说，建造多尔玛巴赫切宫也是奥斯曼人为了证明他们仍有足够的人力、物力、财力来完成这么一项伟大的工程……并且让他们的帝国破产。虽然不至于这么夸张，但是这样大肆挥霍导致了奥斯曼帝国货币部分贬值。而他们从英国和法国获得的贷款，本来应该用在实现国家现代化上，却用来建造马蹄形水晶楼梯和巴卡拉水晶吊灯了。在多尔玛巴赫切宫，有一个全世界最大的水晶吊灯，重量达到4.5吨。扣除通货膨胀因素，建造这座巴洛克/洛可可风格的伟大宫殿共花费超10亿英镑。

▲ 在这座奢华的楼梯上空中央，是一个用巴卡拉水晶制作的吊灯——就连这座楼梯的栏杆也是水晶做的

奥斯曼帝国的衰落和灭亡

- **163** 青年土耳其党人革命
- **166** 第一次世界大战中的奥斯曼帝国
- **175** 加里波利之战
- **180** 阿塔图尔克：土耳其人之父
- **188** 现代土耳其的诞生
- **198** 奥斯曼遗产

时间线

1889年 
一群奥斯曼帝国的学生密谋造反,却被发现,于是他们逃到了巴黎。两年后,他们成立了联合进步委员会。

1906年 
驻扎在马其顿塞萨洛尼基的第三军团中,有一群受过良好教育的年轻土耳其军官成立了另一个革命组织——奥斯曼自由协会。

1907年 
联合进步委员会、奥斯曼自由协会和萨巴哈丁亲王麾下的个人主动和地方分权联盟形成了一个脆弱的联盟。

1908年2月
奥地利计划修建一条贯穿新帕扎尔的铁路线,这样一来,西巴尔干地区将受到奥地利的影响,这对奥斯曼帝国来说是个威胁。

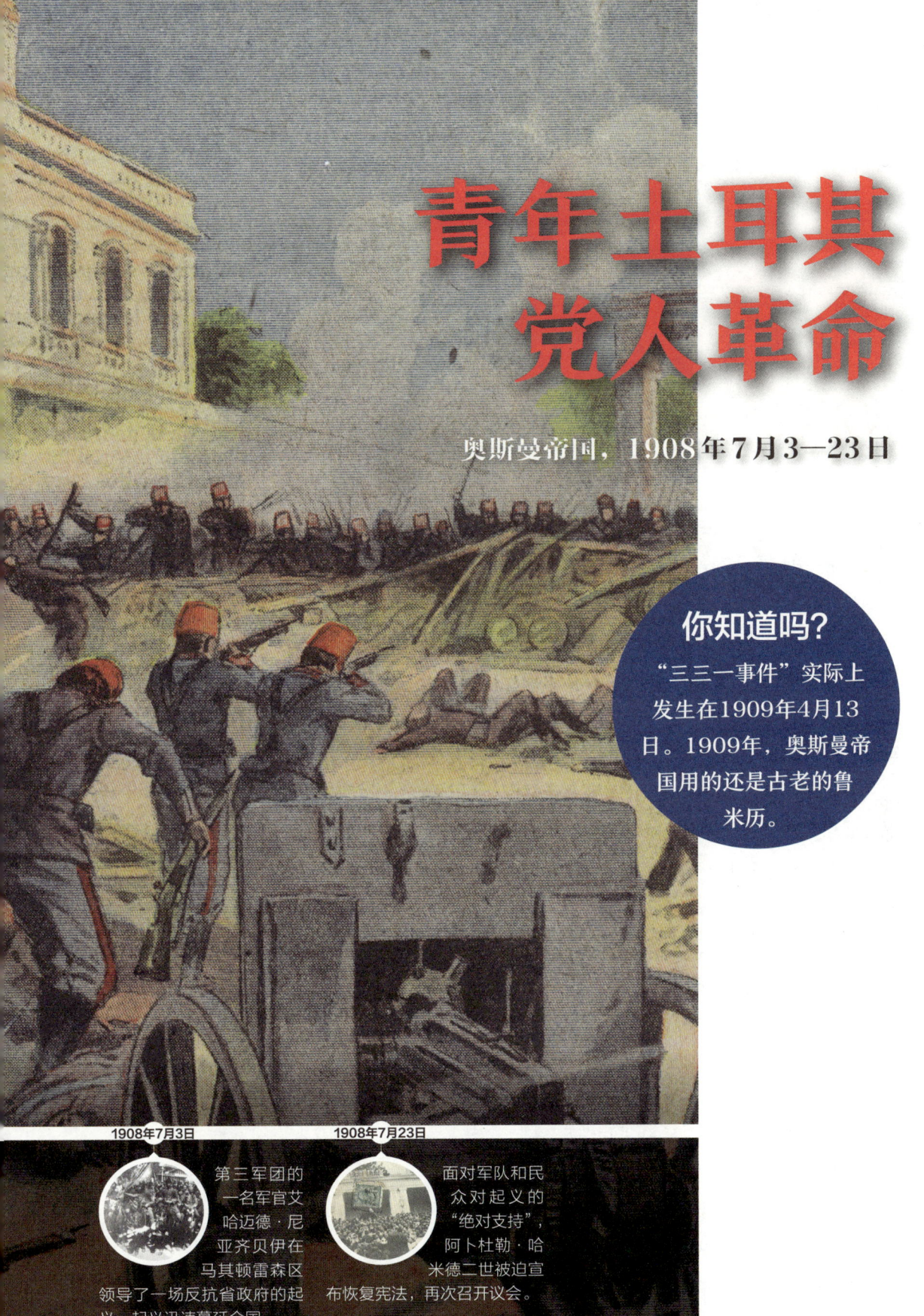

青年土耳其党人革命

奥斯曼帝国，1908年7月3—23日

你知道吗？

"三三一事件"实际上发生在1909年4月13日。1909年，奥斯曼帝国用的还是古老的鲁米历。

1908年7月3日
第三军团的一名军官艾哈迈德·尼亚齐贝伊在马其顿雷森区领导了一场反抗省政府的起义。起义迅速蔓延全国。

1908年7月23日
面对军队和民众对起义的"绝对支持"，阿卜杜勒·哈米德二世被迫宣布恢复宪法，再次召开议会。

是什么？

青年土耳其党人并不是一个政党。正如它的名字所显示的，这其实是一个成立于20世纪之初的松散联盟，由不同组织组成。奥斯曼苏丹阿卜杜勒·哈米德二世最初的确是一名现代主义者，并且颁布了奥斯曼帝国的第一部民主宪法。然而不到两年，他就恢复专制制度，实行独裁统治。

官僚阶层和受过教育的阶层担心，由于英、俄、法对奥斯曼帝国实行经济和政治上的控制，帝国很有可能会崩溃瓦解，只有一部强有力的宪法才能拯救它。1891年，一群激进的学生在巴黎成立了联合进步委员会。他们对过去成功的起义案例进行研究，并联合了其他对奥斯曼帝国不满的组织。

尤其是帝国的军队。因为阿卜杜勒·哈米德二世更喜欢用他手下的"间谍网络"来控制帝国，所以他故意削减军队经费。1908年7月，艾哈迈德·尼亚齐贝伊担心事情败露，于是决定先发制人，直接发动起义。三周之内，宪法得以恢复。

结果如何？

青年土耳其党人虽然成功掌权了，但他们对国家未来的发展并没有一个清晰的规划。1909年，一群普通士兵发动了反政变（史称"三三一事件"），表达对薪水和国家日益世俗化的不满。虽然这场反政变被成功平定了，但欧洲列强也看到了这个国家的软弱无能。他们以此为借口对奥斯曼帝国发动军事入侵。很快，奥匈帝国吞并了波斯尼亚和黑塞哥维那；保加利亚宣布独立；意大利占领了利比亚的的黎波里。

1912年至1913年，两次巴尔干战争爆发，奥斯曼帝国剩余的欧洲领土惨遭瓜分。由于英法拒绝援助奥斯曼帝国，在第一次世界大战中，它选择了站在德国这一边。结果就是，同盟国战败，《塞夫尔条约》将奥斯曼帝国的大部分领土割让了出去。

谁参与了？

阿卜杜勒-哈米德二世

1842—1918年

阿卜杜勒-哈米德二世是第34任奥斯曼苏丹，于1876年颁布了奥斯曼帝国第一部民主宪法，但两年后，他便恢复了独裁统治。

艾哈迈德·尼亚齐贝伊

1873—1913年

艾哈迈德·尼亚齐贝伊是奥斯曼第三军团的一名高级将领，他率领200名士兵和百姓发动起义，引发了青年土耳其党人革命。

艾哈迈德·里扎贝伊

1859—1930年

艾哈迈德·里扎是青年土耳其党人革命的重要代表人物，革命后当选为众议院的议长。

第一次世界大战中的奥斯曼帝国

"一战"是如何让奥斯曼帝国崩溃的

杰姆·杜杜库

▲ 一小股奥斯曼军队穿过西奈半岛进攻苏伊士运河

▲ 穆罕默德五世

穆罕默德五世是个沉默寡言的人，也是一名诗人。他前30年都生活在后宫里，而且其中有9年是在"卡费斯"中度过的。所有有资格继任苏丹的男性青年都必须被关进"卡费斯"，避免对在位苏丹造成威胁。穆罕默德五世不是一位精于算计的政治家，也不是一位善于带兵打仗的将军。但在他统治期间，奥斯曼帝国经历了三场毁灭性的工业化战争。最终，这个持续了600余年的帝国彻底走向覆灭。

穆罕默德五世配上奥斯曼之剑（即成为苏丹）之时已经60多岁了。他年纪大了，不想管理国家的日常事务了。而这正是刚成立的帝国议会想看到的。终于，国家大权不再掌握在苏丹手中，但这也并不意味着奥斯曼帝国的现状会有所好转。现在，奥斯曼帝国的大权落在了"三帕夏"的手上。

说起奥斯曼帝国为什么会参与第一次世界大战，其实也有点奇怪。当时，奥斯曼海军和英国纽卡斯尔造船厂之间发生了一点小摩擦。此前，奥斯曼政府向当时造船业发达的英国订购了两艘战舰。这两艘战舰分别被命名为"苏丹奥斯曼号"（已付清全部款项）和"雷沙迪耶号"（剩余部分款项未付）。

1914年夏天，这两艘战舰就已经全部完工了。但是英国的工程师却说还需要进行一些测试。这其实是一种拖延战术，因为英国尚不确定奥斯曼帝国是否会参与"一战"。英国不希望与奥斯曼帝国对立，更不想将这两艘最先进的战舰交付到这个潜在的敌人手中。

这个拖延战术是由温斯顿·丘吉尔下令执行的，他也知道这是一招险棋。合同是合法的，但在造船的这几年里，国际政治局势发生了翻天覆地的变化。就在奥斯曼人即将把星月旗悬挂到"苏丹奥斯曼号"上（即正式交付）的前一天，英国将这艘船没收了，把奥斯曼船员都赶下了船。第二天，丘吉尔宣布，英国政府对这两艘军舰实施禁令。又过了一天，英国向德国宣战，这两艘军舰就这样被英国无偿接管了。

一些土耳其历史学家说，英国就是这样向奥斯曼帝国宣战的。但其实他们并没有，他们只是不想把两艘战舰交到潜在的敌人手中（奥斯曼帝国和德国之间的联盟还没有正式确立，但英国觉得已经八九不

▲ 第一次世界大战结束，曾经的"格本号"投降。它现在被重新命名为"严君塞利姆苏丹号"——注意看船上的奥斯曼帝国国旗

离十了）。当然，英国没有给奥斯曼帝国任何赔偿就收回了那两艘战舰，肯定是不对的。与向敌人双手奉上武器相比，英国还是决定将其收回并承担相应的后果。而与此同时，英国皇家海军正在达达尼尔海峡追击两艘德国军舰——"格本号"和"布雷斯劳号"。

这两艘德国军舰随后停靠在了伊斯坦布尔，但被"三帕夏"没收了。既然跟英国买的两艘战舰收不回来了，就拿这两艘来代替吧。"三帕夏"将这两艘战舰重新命名为"严君塞利姆苏丹号"和"米迪利号"。船上的德国船员留了下来，但他们被要求戴上土耳其毡帽并升起奥斯曼国旗。

英国皇家海军不得不停止了追击。因为当时奥斯曼帝国仍然处于中立状态，尽管战争已经在欧洲爆发了。

10月，"严君塞利姆苏丹号"和"米迪利号"驶入黑海，对敖德萨和塞瓦斯托波尔进行炮击。虽然这次袭击造成的破坏不大，但是令所有人都始料不及。而且，两艘战舰上的船员都是德国人，这导致了彻底的混乱。奥斯曼帝国的这次袭击是一场意外吗？法、英、俄已经在各条战线上节节败退，他们可不想再多一个敌人。与此同时，"三帕夏"很有可能被他们的德国盟友欺骗了。穆罕默德·塔拉特帕夏表示："我们没有人知道这件事……可以说，我们稀里糊涂地就加入了这场战争。"

不过，这也可能是穆罕默德·塔拉特在经历了这场灾难性的战争之后的"后见之明"，试图撇清关系，拒绝承认他们"三帕夏"犯下的这个大错。过了好几天后，人们才分辨出哪些是事实，哪些是谣言。而此时，协约国正式向奥斯曼帝国宣战。奥斯曼帝国就这样加入了第一次世界大战。

开战以来，英国一直源源不断地从其在亚洲的殖民地获取补给，德国希望能切断英国的补给。为此，德国想到了一个绝妙的计划。考虑到奥斯曼帝国与埃及接壤，他们计划派一支奥斯曼和德国联军发动突袭并占领苏伊士运河。行动之前，他们先派了人前去探查，结果发现英属殖民地的比卡内尔骆驼军团（大部分士兵是锡克教徒）正在坎塔拉附近的沙漠与贝都因民兵交战。伏击很成功，但骆驼军团损失了近一半的兵力。而这仅仅是争夺苏伊士运河控制权的开始。

奥斯曼帝国的主力部队由"三帕夏"之一的艾哈迈德·杰马尔帕夏和腓特烈·冯·克里萨斯泰因将军领导。他们准备了好几个补给站，并开始让工程师钻井以获取淡水。在精心的准备下，奥斯曼近两万大军悄悄摸到了苏伊士运河的边上，没有被发现。冯·克里萨斯泰因还设计了一座浮桥，让奥斯曼军队通过苏伊士运河进入了埃及。这场突袭要是放在10年前，很可能就成功了。整个行动安排得有条不紊，奥斯曼大部队在穿越沙漠的过程中没

▲ 穆罕默德·塔拉特帕夏是奥斯曼帝国的内政部长，也是公认的亚美尼亚大屠杀的发起者

有遭遇伏击，也没有遇到任何补给问题。但冯·克里萨斯泰因忽略了一个重要的因素——飞机！最新发明的飞机！英国派了几架飞机在西奈半岛上空来回盘旋，随时提防奥斯曼人。

奥斯曼部队选择在夜间行军，一是为了避免被发现，二是为了避开白天沙漠的酷热。尽管如此，这支两万人的军队还是没能逃过飞机上的观察员那如鹰般的眼睛。这个突袭计划就这样被扼杀在了摇篮中。英国人静静地等着敌军的到来，他们将战舰停在苏伊士运河，作为移动炮台。他们还出动了一辆装甲列车，这趟列车搭配有重机枪和火炮，可以在一条既有的铁路上与苏伊士运河平行行驶。

战斗非常激烈，只有一小股奥斯曼军

▲ 比卡内尔骆驼军团发源于印度拉贾斯坦邦的沙漠。他们已做好充分的准备，对抗进入埃及的奥斯曼军队

▲ 第一次世界大战期间，有许多德国军官与奥斯曼帝国合作。腓特烈·冯·克里萨斯泰因将军就是其中一位

队穿过了苏伊士运河，但他们很快就被击退了。奥斯曼大军退守西奈半岛，但英国没有乘胜追击。

几个月后，英国对加里波利半岛发动进攻。从某种程度上来说，英国进攻加里波利半岛与奥斯曼和德国联军进攻苏伊士运河的逻辑是相同的。这两次进攻，如果成功了，都能给对方造成重大打击。如果奥斯曼和德国联军拿下了苏伊士运河，英国就无法通过苏伊士运河接收补给。那么对于英国来说，想要在欧洲进行持久战就会困难得多。而如果英国能拿下加里波利半岛，让协约国成功登陆，向前推进几十英里直逼奥斯曼帝国的首都，那么不到一年的时间，他们就能消灭同盟国的一大主力国家。然而，这两次进攻都失败了。

1915年底，数十万英国士兵被派往加里波利半岛，前往高加索地区作战。与此同时，一支来自印度的远征军在法奥港（位于今天的伊拉克境内）登陆，共有3万多人。英军和奥斯曼军在泰西封交战，双方展开了激烈的战斗，英军伤亡惨重，但最终取得了胜利。随后，英军沿着河边行军，奥斯曼军猜到了他们的行军路线，在库特将英军拦截并实施围攻。这场围困战一共持续了四个多月。在这一过程中，曾

奥 斯 曼 新 闻

前 线 最 新 消 息 1914—1917

装有假情报的三明治引发了骚乱
美味的三明治居然帮英国把间谍的工作都干了？

有一位聪明过人的军事情报员，名叫理查德·梅纳茨哈根，他主动提出帮助埃及远征军。理查德·梅纳茨哈根虽然名字听起来像德国人，但他并没有站在德国那一边。他把假情报藏进三明治，装到了背包里，并想办法让奥斯曼人捡到了这个背包。这就是所谓的"布袋诡计"。冯·克里萨斯泰因将军对这份假情报信以为真，认为英军对贝尔谢巴的袭击只是佯攻，他们真正的目标是加沙。英国在第一次加沙战役中获胜，很有可能得益于梅纳茨哈根的假情报。（在第二次世界大战中，也有一场类似的军事诱骗行动，被称为"肉馅行动"。）

理查德·梅纳茨哈根总是风度翩翩，图中他穿着一件时髦的雨衣，抽着烟斗

掺有大量鸦片的香烟让士兵昏昏欲睡
当你打不过他们的时候，不如试试"糖衣炮弹"

就在第三次加沙战役之前，梅纳茨哈根又想出了一招妙计。几个月以来，英国的飞机一直在加沙上空盘旋。除了监视敌军和投放炸弹之外，这些飞机还会向奥斯曼军空投香烟，香烟的包装上还印有各式各样的标语劝奥斯曼士兵投降。这些标语倒是没起到多大的作用，但是香烟本身却是很受欢迎。梅纳茨哈根注意到了这一点，于是他专门订购了一批含有大量鸦片的香烟，目的就是让奥斯曼军萎靡不振。

英军向奥斯曼防线空投了大量"鸦片香烟"，而就在几个小时之后，他们就发动了进攻。"鸦片香烟"到底对战局起了多大的影响，谁也说不清楚（就像我们也不知道"布袋诡计"到底起了多大作用）。但值得注意的是，在前两次加沙战役中"难啃的骨头"，在1917年11月初的第三次加沙战役中，英军仅用一天时间就解决了。

第三次加沙战役结束后，英国军官询问阿拉伯村民

▲ 英军被奥斯曼军包围，最后被迫在库特（位于今天的伊拉克境内）投降

有一支约两万人的部队来增援英军。但随着奥斯曼军逐渐收缩对英军的包围圈，不会再有任何增援部队了。虽然英军伤亡不大，但有数以万计的士兵成了战俘，这对英国来说是一种耻辱。就在英军在库特投降的同时，加里波利半岛的军队也撤退了。击败奥斯曼帝国并不像英国想得那么简单。

1917年3月，阿奇博尔德·默里将军率领数千名英国士兵穿过加沙镇进入中东地区。当时，加沙镇在冯·克里萨斯泰因的控制下。默里率领埃及远征军包围了主要城市，并发动了全面进攻。结果，默里兵败。后来，英军与奥斯曼军进行了三次加沙战役。最终在1917年11月，埃及远征军取得了胜利。

大约一年后，埃及远征军继续向北推进。1918年9月，他们在米吉多遇到了奥斯曼帝国为数不多的一支野战军。这场战斗的血腥程度令人不寒而栗，许多英国士兵甚至认为《圣经启示录》中血流成河的

▲ 1918年，奥斯曼军队在米吉多战役中溃败

世纪末日预言就要成真了。《圣经启示录》中所预言的末世战场就发生在哈米吉多顿。英国士兵很害怕在那里作战，担心自己将目睹"世界末日"。

虽然预言不是真的，但对于奥斯曼人来说，这的确称得上是"世界末日"。奥斯曼方面共有3.5万人、400多门火炮。但这场战斗对他们来说一场灾难。接任默里的埃德蒙·艾伦比元帅采用爬行式炮击的战术保护步兵前进，并发动了一次激烈的骑兵冲锋。沙漠登陆军团绕到了奥斯曼军队的后方，联合主力部队对奥斯曼军形成了前后夹击之势。3.5万奥斯曼士兵中只有6000人活了下来，其他的人或牺牲、或受伤、或被俘。这是奥斯曼帝国在第一次世界大战中遭受的最大失败。10月30日，随着《蒙德罗斯停战协定》的签订，中东战场停战，比欧洲战场早了几周。

澳新军团登陆
雪上加霜的是,澳大利亚和新西兰军团(简称"澳新军团")在错误的位置登陆了。原本预期的海滩变成了陡崖。这里一片荒凉,只有少量的奥斯曼军驻守。但援军很快就到了。

被严重低估的对手
英国和法国犯的另一个重大错误就是低估了对手的战斗决心和意志,他们遭到了对方顽强激烈的抵抗,这令协约国阵营百思不得其解。对于奥斯曼人来说,他们有一位善于鼓舞人心的指挥官。在穆斯塔法·凯末尔上校的指挥下,奥斯曼军成功阻止了澳新军团的前进。穆斯塔法·凯末尔后来建立了土耳其共和国,成为"阿塔图尔克"(即"土耳其人之父")。

海上突破告败
英法舰队打算发动突袭,强行通过达达尼尔海峡,凭借绝对的火力优势摧毁沿岸的奥斯曼军要塞。但没想到,他们竟遭遇了水雷,损失惨重,不得不停止行动。看来,光从海上突破是不够的。

登陆加里波利
协约国军发动了一场海陆联合登陆,但他们的前期准备工作做得太不充分了。更糟糕的是,指挥更是乱成一团。前线的士兵已经冲上海滩了,而指挥官却留在了船上。有部分士兵几乎没有遇到什么抵抗就登陆了,但大多数人都直接被机枪扫射而亡。

开挖战壕

澳新军团在其首场战役中与誓死抵抗的奥斯曼军展开了惨烈的战斗。而英法军队也在海丽丝岬遭遇了顽强的抵抗,对方占据着高地的优势。协约国军被困在了滩头的两座防御工事中。在夏日的酷暑中,一场残酷的堑壕战就此展开……

加里波利之战

**加里波利半岛,
1915年2月至1916年1月**

随着西方战线的壕沟阵地战陷入僵局,协约国开始寻求其他方法来打击同盟国。就在这时,俄国向英国请求援助,希望能与英国联手打击奥斯曼军队(以及德国和奥地利)。英国觉得这是一个绝佳的机会,可以从侧翼对敌军进行包抄。

如果能够打开达达尼尔海峡,他们就能占领伊斯坦布尔,奥斯曼帝国将会被一分为二,来自德国的补给线也会被切断。这样一来,他们就能将奥斯曼帝国逐出战争。另一方面,也能开通一条往返奥斯曼帝国的补给线,大大减轻俄国的压力。

从理论层面上来看,这个计划是可行的。但从执行层面上来看,难度非常大。要想在敌人的海岸线上建立滩头阵地并向内陆推进,需要有周密的计划、一支训练有素的突击部队和强大的增援部队，以及决策果断、具有远见卓识的指挥官。但不幸的是，加里波利战役不具备以上任何一个条件。

温斯顿·丘吉尔在战时内阁中表达了对这一计划的支持，并催促海军迅速发动进攻。英法舰队有足够的火力摧毁奥斯曼帝国在达达尼尔海峡的要塞，进而打开马尔马拉海，直逼伊斯坦布尔。一开始，行动很成功。但后来，恶劣的天气延缓了进攻。而且，英法舰队在越过达达尼尔海峡时触发了水雷，伤亡惨重。这时，形势已经很明朗了。光靠海战是没法占领加里波利半岛的，还需要从陆地上发动进攻。

伊恩·汉密尔顿是远征军的总指挥官，他手下不仅有英法的军队，还有澳大利亚和新西兰军团（简称"澳新军团"）。后者几乎没有什么大战的经验。他命令部队在海丽丝岬登陆，而他自己却和另外两名指挥官留在了船上。他们鞭长莫及，无法与前线部队进行实时沟通。缺乏有效指挥导致这次登陆行动乱成了一锅粥。尤其是澳新军团，他们一开始几乎没有遇到什么抵抗，但因无人指挥而丧失了宝贵的战机。

协约国犯的另一个错误就是低估了奥斯曼人的战斗决心和意志。他们在海丽丝岬遭到了奥斯曼军顽强激烈的抵抗，伤亡惨重。一共发动了五次登陆行动，只有三次成功了。就在他们试图继续向内陆推进的时候，其实最佳的战机已经失去了。奥斯曼援军很快赶到，他们的进攻被遏制了。

在接下来的三个月里，双方进入了一场旷日持久的堑壕战。士兵全都挤在战壕里，各种疾病纷纷袭来，这对他们来说甚至比狙击枪的子弹还要可怕。为了打破僵局，汉密尔顿发动了新一轮登陆战，这次的登陆地点是苏弗拉湾。然而，历史再次重演。英法军队再次因指挥失误而浪费了宝贵的战机。等他们反应过来的时候，奥斯曼军队已经集结完毕，这次突围行动又失败了。

在所有的三个滩头阵地中，奥斯曼人都占据了有利的高地。对于这场战役，协约国的信心已经消磨殆尽，他们已经看不到胜利的可能了。10月，汉密尔顿被察尔斯·门罗取而代之。察尔斯·门罗一上任就下达了撤退命令。后来，温斯顿·丘吉尔是这样挖苦门罗的："他来了，他看到了，他投降了。"但不得不承认的是，时间已经来到了11月，天气寒冷，许多士兵被冻伤。撤退是唯一可行的办法。

加里波利一战，协约国部队的伤亡数字触目惊心。而整个战役中，撤退是最成功的行动，得益于周密的安排部署，几乎没有任何人员伤亡，也算是一场小小的胜利吧。

协约国部队

部队人数：从 5 个师增加到 16 个师
伤亡人数：21.5 万—25 万（预计）

伊恩·汉密尔顿将军
总指挥
汉密尔顿是一名职业军人，常年在外征战。但他对奥斯曼帝国及其军队缺乏了解。
优势：善于谋略，对自己的士兵有绝对的信心。
劣势：脱离战场，不愿意公开指挥下级军官。

澳新军团
主力部队
澳新军团指澳大利亚和新西兰军团，他们在战场上不畏牺牲，为国奉献。他们的英勇表现深深地烙在了两国人民的心中。
优势：他们是一群英勇顽强的战士，想尽办法适应恶劣的环境。
劣势：他们是第一次参加战争，没有作战经验。

"兵不厌诈"
制胜法宝
在撤退过程中，留下来殿后的士兵沿着战壕一路射击，并留下了"滴水步枪"来迷惑敌人。
优势：数千名士兵在黑暗中，成千上万的人穿着"消音鞋"秘密撤离。
劣势：如果敌人在这时候发动进攻，阿里·伯努将会很快沦陷。

奥斯曼帝国

部队人数：从 6 个师增加到 16 个师
伤亡人数：25 万—30 万（预计）

奥托·利曼·冯·桑德斯将军
总指挥
1913 年，冯·桑德斯被任命为德国驻奥斯曼军事使团团长，在奥斯曼帝国参与"一战"后指挥德国军队。
优势：他预见到达达尼尔海峡沿岸的防御工事的重要性，并加固了防御。
劣势：但他没有加派足够的人手以应对敌人的海上进攻。

第 57 团
主力部队
凯末尔向第 57 团下达了这样的命令："我并不期望你们去进攻，我命令你们去死。"第 57 团成功阻止了澳新军团从阿里·伯努突围。
优势：英勇顽强的第 57 团殊死抵抗，用刺刀守住了防线。
劣势：他们装备简陋，缺乏弹药。

水雷
制胜法宝
协约国军希望通过海战穿过达达尼尔海峡直取伊斯坦布尔，但在奥斯曼军用水雷将他们的三艘战舰击沉、多艘战舰击穿后，这场海战就结束了。
优势：如果没有被排掉，一颗水雷可以对一艘战舰造成致命的伤害。
劣势：无法直接打击敌人，而且一旦被排掉，它就没有任何威胁了。

01 海上突击

2月19日，协约国战舰开始轰炸奥斯曼人在达达尼尔海峡两岸的堡垒。但恶劣的天气、奥斯曼军顽强的抵抗、水中的水雷遏制了协约国的进攻势头。在敌军的火力下扫雷还是非常危险的。不过到了3月18日，协约国认为水雷的威胁已经解除，准备派出多艘战舰发动进攻。此战的目的是强行穿过达达尼尔海峡，直取伊斯坦布尔。然而，还有一条水雷线没有被发现……

02 初期战败

协约国的战舰中有三艘被击沉，三艘严重受损。海上进攻暂时停止了。战斗之前海军元帅费舍尔就指出，应该发动海陆联合登陆。看来他是对的。协约国派出了一支由英军、法军和澳新军团组成的远征军。

03 敌军增援

在协约国部队登陆之前，奥斯曼人就调来了更多军队驻守。在德国将军奥托·利曼·冯·桑德斯的领导下，他们已经做好了决一死战的准备。

04 指挥乱成一锅粥

4月25日，协约国部队登陆。但由于训练不足，他们登陆后面对着陆峭的悬崖不知所措，而这也使奥斯曼防军处在了有利位置。更糟糕的是，他们的总指挥官留在了海上，无法向登陆的士兵及时下达命令。

05 混战

在海丽丝岬的V字形海滩上，许多上岸的士兵在悬崖边上被机枪扫射而死。而在其他地方，协约国部队几乎没有遇到什么抵抗就成功登陆了。但是他们没有接到向前推进的命令，只能坚守阵地。而澳新军团甚至还在错误的位置登陆了，但他们仍努力地朝着查纳克拜尔山脊前进。但祸不单行，澳新军团在那里遇到了一位劲敌——穆斯塔法·凯末尔上校。他阻止了澳新军团的推进。

10 撤退

加里波利一战中,唯一成功的行动就是最后的撤退。12月,在夜色的掩护下,协约国军使了点小花招,花了10余天就把人和装备全部从苏弗拉湾和澳新军团湾撤出。1月初,海丽丝岬的协约国军也全部撤离。官方数据显示,整个撤退行动中只有3人伤亡。对于这场计划不周、指挥不力且注定失败的战役,这也算是画上了一个"圆满"的句号吧。

09 坚持还是撤退

伊恩·汉密尔顿将军仍坚持继续作战。10月,察尔斯·门罗取代他成为新的指挥官。门罗建议撤退,但英国陆军元帅基奇纳仍不死心,想亲眼看看战况。到了11月,天寒地冻,很多士兵都被冻伤了。看到这一惨况,基奇纳批准了撤退行动。

07 两个滩头阵地

就像西方战线一样,双方也陷入了壕沟阵地战。协约国军试图从海丽丝岬和阿里·伯努滩头(后来改名为澳新军团湾)阵地向前推进,但都失败了。另一边,苦苦坚守的奥斯曼军也无法让协约国军退回海上。从5月到7月,酷暑难耐,遍地都是双方士兵腐烂的尸体。疾病,尤其是痢疾,成了新的敌人。

06 陷入僵局

协约国的这场无计划、无指挥的登陆遭到了奥斯曼军的顽强抵抗。双方在崎岖不平的地形激烈交战,均死伤惨重。为了打破僵局,双方决定开挖战壕。

阿塔图尔克实现初等教育义务化和免费化

阿塔图尔克：
土耳其人之父

他在奥斯曼帝国的废墟上建立起土耳其共和国

弗朗西斯·怀特

今天，去土耳其的人会发现，不论是在医院、政府大楼、学校还是人们的家中，墙上随处可见"蓝眼睛"，而这双蓝眼睛的主人就是穆斯塔法·凯末尔·阿塔图尔克。对于现代土耳其来说，阿塔图尔克的功绩是不可磨灭的，即便是在最偏远的村庄也能看到他的青铜雕像。阿塔图尔克是一个传奇人物，在奥斯曼帝国四分五裂之际，他带领人民成功抵御希腊的进攻，建立起现代化的土耳其共和国。他被称为"现代土耳其之父"。对于很多土耳其人来说，阿塔图尔克是一位圣人，是一位来自神话传说中的英雄。直到今天，人们都愿意团结在他的周围。但在此之前，他也只是一个普通人，热爱自己的国家并希望它能变好。如果没有他的付出和努力，很难想象今天的土耳其会是什么样子。

阿塔图尔克出生于1881年。那个时候奥斯曼人没有姓氏，父母给他取名"穆斯塔法"。他出生在萨洛尼卡（即现在的塞萨洛尼基），是奥斯曼帝国一个繁华的港口城市。他的父亲阿里·里萨是地方民兵的一名中尉，他的母亲出生于一个农民家庭。父母亲对儿子的期望有所不同。母亲更希望穆斯塔法走上传统的宗教道路，但父亲有别的想法。父亲把自己的佩剑挂在了穆斯塔法的摇篮上，后来让他进入了一所世俗学校。父亲想让穆斯塔法开阔视野，走上现代化的道路。而"现代化"不仅成了穆斯塔法，也成了那个年代每个土耳其人奋斗终身的事业。在穆斯塔法7岁的时候，父亲就去世了，但父亲对他的影响是终生的。

穆斯塔法从很小的时候开始，就梦想成为一名军人。他不顾母亲的反对，进入了一所军事中学。因为学习成绩优异，他获得了一个外号——"凯末尔"，意为"完美"。后来，他去到莫纳斯提尔读军事高中，并于1899年考入伊斯坦布尔的军事学院。在伊斯坦布尔学习期间，穆斯塔法察觉到了人们对苏丹阿卜杜勒·哈米德二世的不满，加入了地下活动。尽管他的秘密活动暴露了，但他还是完成了所有课程，以班级前十的成绩毕业。之后，他进入哈拜参谋学院学习。毕业后，他被授予上尉军衔，成为奥斯曼帝国最有前途的年轻军官。

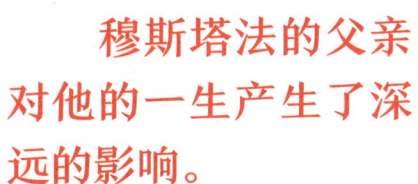
在阿塔图尔克统治期间，非土耳其裔少数民族在公开场合必须说土耳其语

穆斯塔法的父亲对他的一生产生了深远的影响。

尽管穆斯塔法在毕业之后俨然成为奥斯曼帝国中一颗冉冉升起的新星，但他发现自己还是对反政府组织更能产生共鸣。他和朋友经常聚在一起讨论帝国暴

▲ "国内和平,世界和平"是阿塔图尔克的名言

露出来的种种弊端。后来,他所在的地下组织被发现,成员们四处逃难,穆斯塔法看着腐败的官员虐待当地老百姓,心中充满了怒火。他开始奔走在各大反政府组织之间。一旦他所在的组织被破获,他就会建立或加入一个新的反政府组织,从"祖国与自由协会",到"联合进步委员会",再到"青年土耳其党"。1908年7月,穆斯塔法参与了青年土耳其党人革命,成功废黜了苏丹阿卜杜勒·哈米德二世,重新组建政府。

青年土耳其党人革命的英雄是伊斯麦尔·恩维尔,他后来也成为穆斯塔法最大的竞争对手。恩维尔信奉中央集权,认为

应该由土耳其人掌握大权。但穆斯塔法觉得军队在起义结束后就不应该再干涉政治了。他还建议所有想要从政的军官辞去军职。然而，这样只会让恩维尔及其追随者对他产生更深的敌意。在政治上郁郁不得志，穆斯塔法把心思放回了他最了解的军事领域。他大谈军队的训练方式，将德文的军事训练手册翻译成了土耳其文。慢慢地，部队里位高权重的军官开始对他刮目相看，雄心勃勃的年轻军官也对他敬佩不已。这些人后来都成了他的左膀右臂，帮助他建立了土耳其共和国。

恩维尔和他的追随者不太喜欢炙手可热的穆斯塔法。他们想办法调走了他，让他去战场担任指挥官，并且一次又一次地阻止他晋升。恩维尔决定不惜一切代价让他的对手远离首都、远离权力。但穆斯塔法可没有这么容易就被压制住，是金子总会发光的。在1911年的意土战争、1912年至1913年的巴尔干战争中，他接连证明了自己的英勇。第一次巴尔干战争期间，奥斯曼帝国被打得毫无还手之力，丧失了其在欧洲的大部分领土，导致大量难民涌入伊斯坦布尔，其中就包括穆斯塔法的母亲、妹妹和继父。在第二次巴尔干战争中，奥斯曼帝国成功收复了一些失去的领土，穆斯塔法也凭借自己的英勇表现升任中校。

第一次世界大战爆发，奥斯曼帝国加入了同盟国。穆斯塔法认为这是一个拿到军事指挥权的好机会。尽管很不情愿，但恩维尔还是把加里波利半岛的第19师交给了他。凭借无畏的勇气和杰出的军事才能，他成功阻击了协约国对达达尼尔海峡的进攻。在战斗中，穆斯塔法被一块弹片击中，全靠他胸前口袋里的手表救了他一命。加里波利一战后，穆斯塔法名扬全国，威震欧洲，被称为"伊斯坦布尔的救星"。现在，恩维尔再也不能否认他的能力了。穆斯塔法步步高升，还获得了"帕夏"的尊称。

尽管穆斯塔法已经平步青云，但被任命为叙利亚第七集团军的指挥官后，他对奥斯曼军队变得非常失望。后来，心灰意冷的他甚至辞去职位回到了伊斯坦布尔，很快就病倒了。在这一期间，苏丹穆罕默德五世驾崩，由穆罕默德六世继位。恩维尔使了一点手段，又把穆斯塔法派去了叙利亚。回到叙利亚后穆斯塔法发现，情况甚至比他走的时候还要更糟。他只能让军队撤退，尽可能多地挽救士兵的生命。1918年，《蒙德罗斯停战协定》签订，战争结束。恩维尔和其他联合进步委员会的成员逃到俄国，权力又回到了苏丹手中。苏丹同意与协约国合作，协约国借机控制

▲ 1936年9月4日，阿塔图尔克在伊斯坦布尔会见英国国王爱德华八世

了政府，并且侵占了奥斯曼帝国大量领土。不久后，他们彻底露出了帝国主义的丑恶嘴脸，大肆瓜分奥斯曼帝国的土地。

穆斯塔法只能眼睁睁地看着伊斯坦布尔被英国、法国、意大利军队占领，他暗自发誓要把这些侵略者赶出他心爱的城市。他和几名心腹会面，制定了一项拯救计划。此时，伊斯坦布尔已经爆发了数起武装冲突，土耳其人的"独立之魂"已经被唤醒了。协约国想要扼杀这种苗头，在苏丹的推荐下，穆斯塔法成为监军将领。他利用苏丹对他的信任，获得了更大的权力。穆斯塔法在等待时机成熟。之前，他一直扮演着一名忠诚士兵的角色。现在，他该行动了。

1919年5月19日，穆斯塔法来到安纳托利亚海岸的萨姆松。他是被派来镇压叛乱的，但他根本没打算这么做，而是直接去了阿马西亚。在阿马西亚，穆斯塔法召开了一场集会。他向人们解释，苏丹已经成了协约国的俘虏。而他这次来，是为了完成一项伟大的事业——实现独立，将国家掌握在人民手中。这是一个非常大胆的举动。一直以来，穆斯塔法都是一名忠诚的奥斯曼帝国士兵。这次，他可以说是孤注一掷了。协约国命令苏丹立刻将穆斯塔法召回，但穆斯塔法对苏丹的命令充耳不闻。随后，苏丹下令逮捕他，并要求所有的总督无视他。

作为回应，穆斯塔法辞去了军队中的职务。现在，他就是一个普通的平民，没有头衔，也没有军队支持。他向卡兹姆·卡拉贝基尔将军求助，后者手上有1.8万军队。最终，卡兹姆被穆斯塔法说服了，土耳其独立战争正式打响。穆斯塔法当选为临时政府主席，带领他的新政府与苏丹政府针锋相对。

1920年8月10日，奥斯曼帝国签署《塞夫尔条约》，疆域大幅缩水。而穆斯塔法则要求土耳其完全独立。新的土耳其议会，又被称为大国民议会，继续与希腊和亚美尼亚军队作战。最终，经过三年的斗争，在1923年7月24日，穆斯塔法签署了《洛桑条约》。该条约规定了土耳其共和国独立，穆斯塔法成为共和国的首任总统。凭借纯粹的勇气和决心，以及对自由的渴望，穆斯塔法最终让土耳其成为独立国家，将领土和主权掌握在了自己手中。

但独立仅仅是穆斯塔法计划的第一步，他还希望让土耳其投入新世纪的怀抱。很快，穆斯塔法便推行了一系列的激进改革。他希望将土耳其变成一个自给自足的工业化国家，永远处于变革之中，永远不会停下发展的步伐。为了实现这个目标，他对西方政府结构进行了详细的研究，并照搬了过来。他推行国家世俗主义，将宗教和国家分离，并废除宗教学校和宗教法院。像土耳其毡帽这样的传统服饰也被禁止，而穆斯塔法自己戴的是一顶欧式的帽子，以为国民表率。

穆斯塔法鼓励妇女解放，他自己就娶了一位受过西方教育的女性。1934年，土耳其女性被赋予选举议会成员的权利，并且女性也有资格担任议会议员，这都是土耳其历史首次。他还废除了女性必须戴面纱的法律以及其他许多不合理的法律规定，努力实现男女平等。这也导致存在了几个世纪的伊斯兰教法在土耳其被废除，取而代之的是模仿意大利刑法、瑞士民法、德国商法模式的新法律。一夫多妻制废除，离婚制度确立。土耳其妇女获得了更多的自由。

另一项重大改革是文字改革。1928年11月，土耳其政府宣布以拉丁字母取代以前使用的阿拉伯字母。由于拉丁字母更

▲ 1923年，穆斯塔法登上《时代》杂志的封面

适合土耳其语，且方便阅读，土耳其因此成为整个中东地区识字率最高的国家之一。穆斯塔法还带着粉笔和黑板亲自到农村向人们展示新字母表。土耳其全国各地的教育蓬勃发展，年轻人比以往有更多机会接触西方的科学。1934年，土耳其颁布姓氏法，土耳其人拥有了姓氏。这项改革也改变了所有土耳其人的生活。议会授予穆斯塔法"阿塔图尔克"一姓，意思是"土耳其人之父"。

随着国内改革如火如荼地进行，阿塔图尔克开始把眼光放在了土耳其的外交政策上。他与英国签订协议，同意放弃对摩苏尔的主权，以换取摩苏尔出产石油10%的收益。1930年10月25日，土耳其与希腊签署友好条约，两国交换少数民族人口、解决长期存在的军事问题、确定了边界，关系有所缓和。

然而，改革的过程中也出现了一些反对的声音，其中世俗主义最具有争议性。有人认为，所有的改革措施都是对延续了几百年的文化和传统的一种摧残。1925年，安纳托利亚西南部的库尔德人发动了叛乱。土耳其花了几个月的时间将叛乱镇压，并且对叛乱头目处以绞刑。还有13名企图暗杀阿塔图尔克的头目也被处决。

总的来说，土耳其人民对阿塔图尔克和他的改革计划还是支持的。而随着改革目标逐个实现，人们开始呼吁让议会更加民主。一开始，阿塔图尔克是支持的。但

两位伟大的领袖
这份友谊让两个互相敌对的国家冰释前嫌

阿塔图尔克和埃莱夫塞里奥斯·韦尼泽洛斯都希望能够修复土耳其和希腊之间严重破裂的关系。这是一个非常棘手的问题。两国之间的紧张关系是历史遗留问题，有些人甚至认为这个问题无法解决。虽然两位国家领导人都希望实现两国之间的关系正常化，但他们的人民表示强烈的反对。阿塔图尔克特别希望土耳其人能放下过去的仇恨。有一次，他看到一幅描绘了土耳其士兵杀害希腊士兵的画，立刻让人将其撤掉，并将其称为"令人反感的画面"。

经过认真谈判，土耳其与希腊于1930年4月30日达成协议，希腊宣布放弃一切对土耳其的领土要求。同年10月，两国签署了友好条约。这在几年前是无法想象的，而这无疑与两人之间的友谊和相互尊重有很大关系。韦尼泽洛斯甚至将阿塔图尔克推荐为诺贝尔和平奖候选人。德国总理将两国的联盟称为"自第一次世界大战结束以来欧洲最伟大的成就"。

▲ 1932年，在土耳其与希腊达成协议并改善关系后，阿塔图尔克（中）接待了韦尼泽洛斯（左）

▲ 17个国家派特别代表参加了阿塔图尔克的葬礼

后来随着反对党的势头逐渐壮大，他不得不迅速将其镇压下去。否则的话，他将会失去权力。

随着时间的推移，阿塔图尔克逐渐变得不近人情。而由于长期酗酒少食，他的健康状况开始迅速恶化。随后，他被诊断出患有肝硬化，因发现得太晚，已经没有治愈的可能了。1938年11月10日，阿塔图尔克去世。阿塔图尔克的葬礼堪称盛事，举国悲痛，他的遗体安放在安卡拉一座宏伟的陵墓中，其中还有一座专门纪念他的博物馆。

阿塔图尔克规定，公务员必须戴西式帽子

直到今天，阿塔图尔克在土耳其仍然具有极为重要的影响力。几乎每家每户、每个营业场所都悬挂着他的肖像。他的肖像还被印在土耳其纸币上，他说过的话被刻在建筑上。对于政客而言，不论他们的政治倾向如何，阿塔图尔克的名字都有着沉甸甸的分量。他们都称自己是当代的阿塔图尔克，继续着他未竟的事业。即使在他去世80多年后，阿塔图尔克仍然是土耳其政治的代表人物。当国家面临土崩瓦解的威胁时，他成了维持稳定的"黏合剂"。

▲ 在被希腊占领三年后，士麦那被穆斯塔法·凯末尔率领的土耳其军队解放

现代土耳其的诞生

从一败涂地到涅槃重生，
现代土耳其是如何从奥斯曼帝国的废墟中崛起的

斯科特·里夫斯

▲ 1922年11月，穆罕默德六世从皇宫的后门逃走，奥斯曼帝国灭亡

奥斯曼帝国存在了624年，但它几乎在一夜之间就灭亡了。

1922年11月17日，苏丹穆罕默德六世登上了英国皇家海军"马来亚号"战列舰。这艘战舰属于奥斯曼帝国的老对手英国。自从"一战"结束后，作为协约国控制奥斯曼首都的一种方式，它就一直停靠在伊斯坦布尔。穆罕默德六世上船后，"马来亚号"战列舰就启航了。它载着这位尊贵的客人穿过马尔马拉海，进入地中海，最后停靠在了英国在马耳他的基地，穆罕默德六世就在这里下了船。自那以后，穆罕默德六世再也没有踏足过他的祖国。奥斯曼帝国的最后一位统治者成了无国之君。

奥斯曼帝国存在了624年，但它的陨落仿佛就发生在一夜之间。1853年，俄国沙皇尼古拉一世将它称为"欧洲病夫"。但其实彼时的奥斯曼帝国已经病了有一段时间了，而最终导致其气绝身亡的，是它在第一次世界大战中选择与德国结盟、加入同盟国阵营。1918年10月27日，作为战败一方的代表，奥斯曼帝国海军参谋长侯赛因·拉乌夫登上"阿伽门农号"战舰与英国进行停战谈判。但侯赛因·拉乌夫发现自己根本没有讨价还价的能力，他几乎答应了英国代表团所有的要求：奥斯曼帝国必须解散其空军，安纳托利亚之外的所有驻军必须全部投降，奥斯曼军队必须退回到高加索

▲ 第一次世界大战战败后，奥斯曼帝国的首都被外国军队占领，奥斯曼苏丹成为傀儡统治者

地区的战前边界。

除此之外，协约国将接管达达尼尔海峡和博斯普鲁斯海峡沿岸的堡垒，确保它们可以自由进出黑海。同时，如果奥斯曼帝国有地方发生暴乱，协约国可以派兵占领。这是一种模棱两可的说法，给了协约国在这上面大做文章的机会。停战协议生效不到两周后，英国和法国就派了军队进驻伊斯坦布尔。

1919年5月15日，希腊军队在安纳托利亚西海岸的士麦那（现称伊兹密尔）登陆，土耳其独立战争爆发了。在"一战"期间，协约国领导人曾许诺将这块土地分给希腊。但希腊这次出兵，却是借着停战协定中规定的"镇压暴乱"的借口。土耳其人立刻发起了抵抗运动。哈桑·塔赫辛向希腊士兵射出了第一颗子弹，成为土耳

▲ 1934年，土耳其议会授予穆斯塔法·凯末尔"阿塔图尔克"一姓，意为"土耳其人之父"

其的民族英雄。然而，这种抵抗不过是给了希腊人更充分的理由继续向安纳托利亚推进罢了。

一年多以后，1920年8月10日，穆罕默德·哈迪、里扎·特菲克、雷沙特·哈利斯代表苏丹和奥斯曼帝国签署了《塞夫尔条约》。根据条约内容，奥斯曼帝国的武装力量受到了极大的限制，且协约国可以控制奥斯曼帝国的财政大权。不过，《塞夫尔条约》最具有争议的还是领土条款。奥斯曼帝国的领土与战前相比缩水了三分之二，只剩下了安纳托利亚。汉志王国（现在的沙特阿拉伯）和亚美尼亚被承认为独立的主权国家，而大部分奥斯曼帝国的领土都被协约国瓜分得一干二净。

被占领的士麦那虽然名义上仍属于奥斯曼帝国，但行政管理权给了希腊。之后，再由士麦那进行全民公投决定其主权归属。多德卡尼斯群岛划给了意大利，奥斯曼帝国统治下的大部分安纳托利亚地区被划分成若干势力范围：西南部的大片地区分给了意大利，东南部则分给了法国。达达尼尔海峡被认定为国际水道，部分港口被认定为具有国际意义的自由港。

毫不意外的是，《塞夫尔条约》激怒了土耳其人。尽管苏丹及其政府已经表明，他们愿意在和约的两年期限内与协约国合作。但自1918年后，奥斯曼帝国境内就已经出现了民族主义运动。这份条约的签订就像是给他们添了一把柴，反抗之火燃得更旺了。一群身居高位的官员、政客、军官决心将侵略者从他们的土地上赶出去，他们在奥斯曼境内发起了对抗外国势力的地下运动。奥斯曼前海军参谋长侯赛因·拉

▲ 第一次世界大战结束后，阿塔图尔克走遍了安纳托利亚，联合各地方抵抗力量，发起土耳其国民运动

士麦那大火

就在独立战争胜利的几天后,这座港口城市经历了一场浩劫

1922年9月13日,士麦那的亚美尼亚人居住区发生了一场毁灭性火灾。就在4天前,土耳其革命军解放了这座已被希腊占领了三年之久的城市。整整10天后,这场火灾才被扑灭。据报告,共有超过10万名居民在这场火灾中丧生,其中大多数是基督教徒。希腊人和亚美尼亚人居住区被烧得满目疮痍。有人推测是土耳其军队纵的火,目的就是摧毁基督教徒的家庭和事业。包括穆斯塔法·凯末尔在内的一些土耳其人则回应称,这场火灾是由逃跑的希腊人引起的。

不论真相如何,士麦那大火都是一起卑鄙无耻的暴力事件。而在土耳其和希腊之间的这场冲突中,类似的事件还有很多。双方都实施了惨绝人寰的大屠杀。土耳其军队将安纳托利亚希腊人占多数的村庄夷为了平地,并对亚美尼亚人实行了大规模屠杀。就在士麦那大火发生的3天前,士麦那的大主教赫里索斯托莫斯被土耳其士兵交给了一群暴徒,他们眼睁睁看着赫里索斯托莫斯被殴打致死。而希腊军队在1919年从士麦那出发的时候多次对当地居民实施强奸和抢劫。两年后,他们还在撤退的时候执行了焦土策略。在这场战争中,安纳托利亚的平民可谓经历了一场史无前例的浩劫。

▲ 士麦那大火持续了10天,造成10万人死亡

乌夫就是其中一位,1918年,他曾代表奥斯曼帝国向协约国投降。还有领导土耳其国民运动的穆斯塔法·凯末尔。他被苏丹任命为监军将领,负责残存的奥斯曼军队的复员,但他并没有这么做。他真正做的是削弱协约国的力量,联合各地方抵抗力量发起土耳其国民运动。

在凯末尔的领导下,土耳其国民运动开始在安卡拉"落地生根"。当时,安卡拉还只是安纳托利亚中部的一个无名小城,地形崎岖不平。之所以选择这个偏隅之地,是因为奥斯曼帝国第20军的基地就位于此,而他们的将军阿里·富特是位慷慨激昂的爱国主义者。苏丹意识到他已经快要失去对国家的控制了，于是命令凯末尔返回伊斯坦布尔，但凯末尔不予理会。同时，苏丹还要求重新选举奥斯曼议会，但土耳其革命者根本不承认它的合法性。苏丹政府通过了一条伊斯兰教令，宣布参与土耳其国民运动的成员都是异教徒，对凯末尔和一些显要的民族主义者判处死刑。凯末尔是怎么回应的呢？他立即宣布，土耳其唯一的合法政府是土耳其国民政府，而不是苏丹政府。

凯末尔宣布内战开始。一边是他领导的位于安卡拉的土耳其国民运动，另一边是苏丹领导的位于伊斯坦布尔的傀儡政权。不过，凯末尔的聪明之处就在于，他向整个伊斯兰教世界宣布，他并不是要推翻苏丹的统治，他只是想要将侵略者——协约国的军队从土耳其的土地上赶出去。奥斯曼议会中近100名成员离开首都，投奔了在安卡拉新成立的大国民议会（凯末尔担任主席），希望为国民运动出一份力。

土耳其革命者还创办了《民族主权报》以及阿纳多卢通讯社。通过它们，凯

▲ 希土战争中，希腊士兵正在挖防御战壕。但不久之后，他们突然就溃败了

▲ 土耳其国民运动无法为士兵提供足够的武器和弹药，依赖俄国的物资支持

土耳其的开国元勋

除了被称为"土耳其之父"的穆斯塔法·凯末尔·阿塔图尔克，
土耳其独立战争中还有哪些重要人物？

侯赛因·拉乌夫·奥尔贝

1918年，奥斯曼海军参谋长拉乌夫代表奥斯曼帝国签署了投降书，但不久后，他就辞职加入了安卡拉的土耳其国民运动。凯末尔对拉乌夫非常信任，甚至允许他在1924年建立了进步共和党，试图在土耳其建立起多党制民主。但该党很快就因被指控反革命罪而被取缔。虽然后来证明了拉乌夫并没有任何不当行为，但他还是被流放了十年之久。

卡兹姆·卡拉贝基尔

卡拉贝基尔是奥斯曼帝国最伟大的将军之一。1918年，卡拉贝基尔因不愿停止战斗，迅速加入了土耳其国民运动，对抗协约国的入侵者。在土耳其独立战争的东部战线取得胜利后，他开始了政治生涯。不久后，他便与凯末尔发生争执，并被短暂监禁。凯末尔去世后，卡拉贝基尔又重新开始了他的政治生涯，担任大国民议会议长一职。

穆斯塔法·费夫齐·恰克马克

即便是在"一战"失败后，奥斯曼将军费夫齐仍旧效忠于苏丹，担任苏丹政府的总参谋长和军事大臣。但在1920年，他倒戈加入了安卡拉政府，领导了萨卡里亚河战役和杜姆鲁普纳尔战役，为土耳其独立战争的胜利做出了不可磨灭的贡献。费夫齐曾短暂担任土耳其共和国总理，并担任了20年的总参谋长。

穆斯塔法·伊斯麦特·伊诺努

1920年3月，奥斯曼将军伊斯麦特倒戈，加入土耳其国民运动，指挥土耳其革命军在西部战线对抗希腊军队。他是《穆达尼亚停战协定》和《洛桑条约》土耳其一方的首席谈判代表。在谈判过程中，除了"承认土耳其是独立的主权国家"，他拒绝接受其他任何要求。伊斯麦特是土耳其最重要的人物之一，在凯末尔去世后，他成为土耳其的第二任总统。

▲ 随着前线捷报频频传来，土耳其国民运动声势逐渐壮大，凯末尔成为土耳其的实际领导人

末尔向土耳其人民传递前方的捷报。南部和东部战线的战斗很快就取得了胜利。在南边，法国军队进入了他们的势力范围，但遭到了土耳其革命者的激烈抵抗，最后只能撤退。由于不想卷入另一场国际冲突，1921年10月，法国和土耳其革命者签订了《安卡拉条约》，放弃了其在叙利亚的大片领土。

土耳其革命军捷报频传。此前，土耳其东北部的一小块地区被亚美尼亚占领。卡兹姆·卡拉贝基尔是奥斯曼帝国一名好战的将军。1918年，他拒绝向协约国投降，后来又加入了土耳其国民运动。在他的领导下，土耳其革命军很快就将亚美尼亚人赶出了土耳其边境。卡拉贝基尔继续率兵挺进亚美尼亚的领土，占领了卡尔斯和亚历山德罗波尔。亚美尼亚惨遭协约国无情抛弃，又被邻国格鲁吉亚欺骗。无奈之下，只能与土耳其进行停火谈判。而就在谈判期间，建立了亚美尼亚苏维埃社会主义共和国。后来，土耳其与亚美尼亚苏维埃社会主义共和国签署了《卡尔斯条约》，将阿扎尔割让给格鲁吉亚，卡尔斯省归属土耳其。

不过，虽然南部与东部边境的问题都解决了，但最大的麻烦还是在西部。自从《塞夫尔条约》规定希腊拥有对士麦那的管理权后，希腊就越发肆无忌惮，派兵进一步深入土耳其，想要打压日益壮大的土耳其国民运动，逼迫凯末尔接受苛刻的《塞夫尔条约》。土耳其革命军主动向希腊军队发起进攻，却且战且退。希腊逐渐控制了西部的大片地区，并进军到距离安卡拉只有不到65英里的地方。不过，随着希腊军队越来越深入，他们的补给就越来越吃紧。相反，有俄国的武器装备支持，土耳其人是越打越精神，越打越有气势。在战争期间，超过3.9万支步枪发射了6300多万发

▲ 穆斯塔法·凯末尔领导土耳其国民运动，建立了一支国民革命军，多次成功抵御外敌入侵

子弹，越过东部边境。

土耳其独立战争的转折点是1921年8月23日的萨卡里亚河战役，这场战斗共持续了22天。在波拉特勒附近，土耳其和希腊军队在萨卡里亚河沿岸的山坡上挖防御战壕。双方打得你来我往，有来有回。一方的阵地刚被占领，就立刻被夺了回来。尽管土耳其军队的人数本就处于劣势，而且他们的损失还更惨重，但居然是希腊人先撑不住了。他们撤回了相对安全的防线内。土耳其整整缓了一年，1922年8月，他们向希腊发起了反攻。而这次，土耳其取得了闪电般的胜利。不到两个星期希腊军队就溃败，并被赶出了安纳托利亚。

1922年10月3日，土耳其西部军队的指挥官穆斯塔法·伊斯麦特抵达穆达尼亚的海上度假村，开始与英国和法国代表谈判，以达成停火协议。就在四年前，为结束第一次世界大战，侯赛因·拉乌夫与协约国进行了一次"耻辱性"的谈判，不论对方提什么要求，他都只能点头答应。但"三十年河东，三十年河西"，现在处于优势地位的是土耳其军队。伊斯麦特要求他们承认土耳其是独立的主权国家。而这一次，协约国变成了必须做出让步的一方。他们同意让希腊军队从东色雷斯撤军，并放弃对士麦那的任何要求。1923年7月，双方签订《洛桑条约》。

《洛桑条约》不仅正式结束了土耳其独立战争，也标志着奥斯曼帝国政权的终结。凯末尔的安卡拉政府和苏丹的伊斯坦布尔政府都收到了参加洛桑会议的邀请。但1922年11月1日，大国民议会宣布废除奥斯曼苏丹统治权。听到这一消息，苏丹穆罕默德六世决定离开土耳其。他坐上了一艘英国战舰，在流亡中度过余生。1926年，穆罕默德六世在意大利的圣雷莫去世。原苏丹政府中的大臣们接受了这个现实，并逐渐销声匿迹。许多人被列入流放名单并被驱逐出境。

土耳其共和国成立以后，除了苏丹和他的近臣，还有一些人也被迫离开了土耳其。根据《洛桑条约》，希腊和土耳其进行了一场基于宗教认同的人口交换。约120

▲ 1919年，希腊入侵土耳其。穆斯塔法·伊斯麦特（左）和穆斯塔法·凯末尔（右）领导土耳其人民进行了一场漫长的斗争，最终取得了胜利

▲ 阿卜杜勒-迈吉德二世原本将继承奥斯曼帝国，但他最后只是短暂地担任了哈里发

万希腊东正教徒离开小亚细亚、东色雷斯、本廷山脉和高加索地区被遣返回了希腊，而约35万穆斯林离开希腊被遣返回了土耳其。这场人口交换达成了双方政府的共同愿望：维护了边界稳定，为两国之间的和平打下了基础。但其间也造成了大量人员死亡。和正常的人口迁徙相比，这场强制移民的死亡率翻了两番。而且，这些移民的祖祖辈辈都生活在他们原来的家园，现在他们却背井离乡来到了一个陌生的国家，想要融入进去也不是一件容易的事……

1923年10月29日，土耳其大国民议会宣布了一项决议，正式确认土耳其是一个主权共和国，而穆斯塔法·凯末尔当选总统（尽管这种情况已经存在好几年了）。第一次世界大战结束后的五年里，土耳其先是经历了耻辱性的战败，领土被列强瓜分。后来，他们发起了国民运动，打赢了独立战争。最终，在存在了600余年的奥斯曼帝国的灰烬中，现代土耳其涅槃而生。

最后一任哈里发
这位奥斯曼王子想要延续家族对权力的掌控

穆斯塔法·凯末尔·阿塔图尔克希望将土耳其转变为政教分离的世俗国家，而废除苏丹制就是他计划中的关键一环。一夜之间，政府的最高领导人就不再是宗教领袖了。

几个世纪以来，奥斯曼帝国的最高统治者苏丹都是伊斯兰教的最高领袖，而且他们持有"哈里发"的称号已经有150多年了。这一传统甚至在穆罕默德六世坐上"马来亚号"战列舰逃亡后还在延续——他的堂弟兼继承人阿卜杜勒-迈吉德王储被安卡拉的土耳其大国民议会选为哈里发。1922年11月24日，就在他的堂兄穆罕默德六世从皇宫后门逃跑的一周后，阿卜杜勒-迈吉德二世在伊斯坦布尔宣誓成为哈里发。

1924年，凯末尔认为时机已经成熟了。于是，他宣布废除哈里发之衔。

和穆罕默德六世一样，阿卜杜勒-迈吉德二世也被流放，并在流亡中度过了余生。1944年8月23日，阿卜杜勒-迈吉德二世在法国巴黎去世，恰逢同盟国从德国纳粹手中将巴黎解放之时。

奥斯曼遗产

从小吃到城市，
奥斯曼帝国的遗产仍散落在世界各地

哈雷斯·阿尔·布斯塔尼

土耳其甜品

根据流行的传说，18世纪，苏丹阿卜杜勒·哈米德一世召集了全国最著名的糖果师，让他们制作一种美味的甜食，以讨他的皇后和嫔妃的欢心。这群甜点大师最后发明出了果冻状的"土耳其软糖"，由面粉、蜂蜜（或葡萄糖蜜）和坚果制成。先将它们放进一个敞开的容器里加热，然后滴在托盘里，再切成小块。1777年，一位名叫哈兹·贝克尔的糖果师在伊斯坦布尔开了一家糖果店。他开创性地用淀粉代替面粉制作土耳其软糖，并加入了糖。他改良过的土耳其软糖一炮而红，并通过一名英国游客传到了伦敦。后来，土耳其软糖还在1873年维也纳世界博览会上首次亮相。

酸奶

早在11世纪，中亚的突厥游牧民族就开始制作酸奶了，他们将酸奶用于缓解各种症状，如消化不良、抽筋、晒伤。从塞尔柱帝国到奥斯曼帝国，酸奶一直是一种非常受欢迎的主食，甚至还被作为礼物送给患有严重腹泻的法国国王弗朗索瓦一世。后来，弗朗索瓦一世还将酸奶分给了他的士兵。20世纪初，在巴尔干战争期间，一位名叫艾萨克·卡拉索的医生从塞萨洛尼基逃到了巴塞罗那。巴塞罗那有很多小孩都消化不良，卡拉索就开始在当地卖起了酸奶帮他们缓解。后来，卡拉索的儿子丹尼尔在法国成立了达能公司，并于1932年创办了第一家酸奶工厂。

土耳其旋转烤肉

烤肉串在全世界都是备受欢迎的美食。大约2000多年前，希腊人就把肉串在烤肉扦上烤了。奥斯曼人把羊肉水平地串起来，放在柴火上烤。在婚礼或私人聚会上，人们会先把这种烤肉放置长达24小时，然后放在旋转的烤肉架上烘烤。烤熟以后，再将肉切成小片，与番茄、洋葱和青椒一起包在拉瓦什（亚美尼亚薄饼）里吃。19世纪，布鲁萨人发明了一种垂直的旋转烤肉架。得益于此，到了20世纪70年代，土耳其旋转烤肉已经风靡柏林了。类似的烤肉形式还有阿拉伯沙威玛和希腊旋转烤肉。

咖啡

咖啡最开始是在埃塞俄比亚被发现的。到14世纪,咖啡就在也门流行起来了。不过,到了16世纪,奥斯曼人发明了一种独特且复杂的制作咖啡的方式。首先,将阿拉比卡咖啡豆磨碎,加水,然后倒进铜制的咖啡壶,用小火煨至沸腾三次。在苏莱曼大帝的统治期间,伊斯坦布尔成为全球领先的咖啡中心。曾经的宫廷习俗逐渐走进了普通老百姓的生活中。咖啡鉴赏家有时就直接从街边小贩那儿买咖啡,然后在清真寺的庭院里喝;有时会专门去氛围浓厚的咖啡馆,边喝咖啡边欣赏戏剧表演。很快,咖啡就从伊斯坦布尔通过意大利传到了欧洲。

雅典的清真寺

帕特农神庙兴建于公元前5世纪，是奉祀雅典娜女神的神庙，坐落于雅典卫城的废墟之上。1456年，奥斯曼人征服了雅典后将其改为了清真寺，加盖了一座宣礼塔。而在罗马阿哥拉，奥斯曼人在拜占庭大教堂的废墟上修建了费提耶清真寺，以献给"征服者"穆罕默德二世。希腊人独立以后，摧毁了奥斯曼人给帕特农神庙加盖的宣礼塔，并将费提耶清真寺改为军用烘焙坊，再后来，被改为文物博物馆。另一座奥斯曼人修建的建筑，齐斯塔拉基斯清真寺（左边），现在变成了希腊民俗艺术博物馆。

莫斯塔尔古桥

15—16世纪，奥斯曼人开发了莫斯塔尔。莫斯塔尔是波斯尼亚和黑塞哥维那的一个边陲小镇，位于内雷特瓦河流域。穆斯林、基督教徒和犹太人在这里和谐地生活，莫斯塔尔也逐渐发展成一个充满活力的奥斯曼城市。清真寺、基督教堂和犹太教堂随处可见，旁边是奥斯曼社区、房屋和集市。莫斯塔尔古桥是集建筑艺术和文化传统为一体的杰作，连接了这座城市的两个部分。尽管这座象征着莫斯塔尔统一的古桥在波里战争中被蓄意毁坏，但后来在联合国教科文组织的鼓励下迎来了重建（这种情况很少出现）。

土耳其地毯

自古以来，中亚地区的突厥人就开始制作手工打结地毯了，并在西亚销售，甚至远销西班牙。奥斯曼帝国时期的地毯，制作工艺精湛，上面装饰着各式各样的花卉，代表着奥斯曼人对色彩和图案的细致探索。16世纪，奥斯曼帝国与波斯帝国发生战争，也引入了萨法维勋章图案，启发奥斯曼人设计出了乌沙克地毯。其他风格的地毯会以白色为背景，上面带有几何图案或类似鸟类的抽象花卉图案（一般是红色或蓝色）。意大利贵族经常会在宫殿或教堂里铺设奥斯曼地毯，上面有他们的盾牌纹章。直到今天，他们都非常喜欢土耳其地毯。

奥斯曼软凳

　　奥斯曼软凳是一种无扶手无靠背的坐具，通常配有软垫和衬垫。18世纪，奥斯曼软凳从奥斯曼帝国传入欧洲。最初，奥斯曼软凳是一件大家具。后来，人们把它改小了放进角落里。再往后，又摆在了房间中央。奥斯曼软凳成为私人会员俱乐部的必备家具，设计变得越来越有创意。或为圆形或为八边形，有时将扶手分成几部分，有时在中间加一块可倚靠的软垫，并在上面放置绿植或雕像。人们还给软凳加上了铰链，留出了一些存储空间，现在的很多沙发床都有这种功能。

土耳其湿拓画

土耳其湿拓画也被称为"大理石纹纸艺术",起源于16世纪的奥斯曼帝国。先将颜料撒进一锅油水里,然后水上作画,再印拓在纸上。传统上,土耳其湿拓画用于装饰书籍的扉页。湿拓画家从天然色素中提取颜色,然后与牛胆汁(一种天然酸)混合,并设计出精美绝伦的图案。常见的图案包括鲜花、绿叶、网格、清真寺和月亮。这门手艺是由师傅口头传授给学生的,不论性别、种族都能学。一般来说,需要练习两年时间才能达到基础水平。湿拓画所用刷子、梳子和锥子,都是由针、钉子和线制成的不锈钢工具,各有用途。

男性肚皮舞者

19世纪初,奥斯曼人认为女性在公共场合跳舞是不合适的。不过,仅仅是在伊斯坦布尔,就有600多名男性肚皮舞者,他们穿着女性的服装进行表演。男性肚皮舞者在当地被认为是一种有辱人格的职业,他们大多数是希腊人、亚美尼亚人或犹太人的后裔。年长的男性肚皮舞者从叙利亚到埃及巡回演出,而年轻的则会在宫廷里表演。1923年,阿塔图尔克建立了土耳其共和国,禁止男性肚皮舞表演。得益于此,埃及人巴迪娅·马萨布尼创办了第一家具有东方风格的女性肚皮舞表演俱乐部,很快就得到了认可。不过,在一些农村地区,还是能看到男性肚皮舞表演。在现代伊斯坦布尔,这种表演形式也实现了复兴。

土耳其毡帽

有人说红色的土耳其毡帽（又称"菲斯帽"）是古希腊人设计的，但其实它的起源地是摩洛哥城市菲斯。19世纪早期，苏丹马哈茂德二世开始从北非进口菲斯帽。后来，他甚至修建了制作菲斯帽的工厂。他希望推行菲斯帽成为国家服饰，作为其现代化改革的一部分。在此之前，帽子是社会阶层的重要标志。只有皇室成员和精英阶层可以戴着巨大的包头巾，并用不同的颜色象征他们的宗教信仰。而菲斯帽可以说是实现了社会阶层平等。但后来，阿塔图尔克称其为传统主义的象征，并将其禁止。不过，直到今天，菲斯帽在摩洛哥还是很流行。而且，菲斯帽还衍生出了许多样式，比如东南亚的宋谷帽。

图片所属

8、9页	© European Space Agency, Interiot
40、45页	Images: Alamy, Getty
48—52页	Image credits: Muscol (Sehzade Mosque) CC BY-SA 3.0; Classical Numismatic Group, Inc. (coins) CC BY-SA 2.5
63—65页	© Alamy, Getty Images, Nicholas Forder
72—75页	© Getty Images
76页	© Adrian Mann
99、100页	© Alamy
109页	© Adrian Mann
110—115页	© Andrey/flickr, Rev Stan/flickr, Ahmed Ragheb 97, Julian Nitzsche, Burgert Behr, Getty Images
132—137页	© Alamy